더 퍼실리테이션
THE FACILITATION

( ) 링크하라
더 퍼실리테이션

초판 1쇄 인쇄 2020년 10월 22일
초판 2쇄 발행 2022년 2월 18일

지은이 주현희
일러스트 정승윤
펴낸이 최익성

기획 임주성
편집 강송희
마케팅 임동건, 홍국주, 김선영, 송준기, 신현아
마케팅 지원 황예지, 신원기, 박주현
경영지원 이순미, 임정혁
펴낸곳 플랜비디자인
디자인 ALL designgroup

출판등록 제2016-000001호
주소 경기도 동탄첨단산업1로 27 동탄IX타워
전화 031-8050-0508
팩스 02-2179-8994
전자우편 planbdesigncompany@gmail.com

ISBN 979-11-89580-53-7 03320

※ 이 도서의 국립중앙도서관 출판예정도서목록(CIP)은 서지정보유통지원시스템 홈페이지(http://seoji.nl.go.kr)와 국가자료종합
    목록 구축시스템(http://kolis-net.nl.go.kr)에서 이용하실 수 있습니다. (CIP제어번호 : CIP2020043868)

( ) 링크하라

더 퍼실리테이션
THE FACILITATION

주현희 지음

PlanB DESIGN 플랜비디자인

프롤로그

최근 10여 년 동안 가장 주목받았던 조직 혁신 활동 중 하나가 퍼실리테이션 도입이라고 하면 과언일까요? 퍼실리테이션은 다자 간 의사소통에 시너지를 만들어 내는 활동으로 직장 내 업무 회의에서 다양한 이해관계자들의 합의를 도출해야 하는 워크숍에 이르기까지 폭넓게 활용되고 있는 그룹 의사소통 기법입니다.

국제퍼실리테이터협회(IAF, International Association of Facilitators)가 1994년 창립되었고 한국퍼실리테이터협회(KFA, Korea Facilitators Association)가 2009년에 발족된 것을 감안하면 본격적인 퍼실리테이션의 역사는 아주 오래되지 않았지만 2000년대 들어 참여와 권한 위임에 대한 요구가 거세짐에 따라 다양한 관점을 가진 사람들이 효과적으로 소통하도록 돕는 퍼실리테이션에 대한 사람들의 반응은 뜨거웠습니다.

과거에 몇몇 전문가와 경영진들이 밀실에서 만들던 비전과 전략 수립에도 참여의 물결이 밀고 들어가 사내 다양한 구성원들의 워크숍을 통해 구성원들이 더욱 공감할 수 있는 비전과 전략을 만들어내게 되었습니다. 정부 및 공공기관에서도 정책을 수립하고 집행하는 데 있어 시민들이 참여하는 크고 작은 워크숍을 운영하는 일이 빈번해졌습니다. 퍼실리테이션 역량을 중간 관리자가 갖추어야 할 기본 역량으로 정의하고 체계적으로 교육하는 기업도 증가하고 있습니다.

최근 코로나19의 영향으로 대면 워크숍의 기회가 많이 줄었으나 IT기술의 발달과 함께 온라인 비대면 워크숍이 증가하여 여전히 소통과 참여에 대한 열기는 여전히 뜨겁다고 할 수 있습니다. 이해관계자들의 적극적인 참여를 이끌어 내는 원리이자 기술인 퍼실리테이션은 이제 워크숍을 통한 문제해결뿐 아니라 체계적인 조직개발 분야로 이어지며 지평을 넓혀가고 있습니다.

저는 운좋게도 일찍감치 2005년에 퍼실리테이션에 입문하여 2009년부터는 전문 퍼실리테이터로 활동하며 퍼실리테이션을 교육하는 일, 고객사의 워크숍을 기획하고 진행하는 일, 나아가 수평적이고 효과적인 조직으로 전환하는 조직개발 일에 매진하고 있습니다.

직업으로 삼은 일이 많은 사람들에게 선한 영향을 준다는 것은 행복한 일입니다. 퍼실리테이션은 경직되고 비합리적인 의사결정 관행에 찌들어 있던 사람들에게 자유롭게 아이디어를 내고 합리적으로 결론에 이를 수 있는 기회를 제공하는 일입니다. 이러한 경험이 쌓일 때 사람들은 더욱 건설적이고 합리적인 판단과 행동을 보이며 합리적인 개인들이 모이면 조직의 일하는 방식과 문화도 바뀌게 됩니다.

수많은 교육장에서 그리고 워크숍이 열리는 회의장에서 '사회물'을 먹을 만큼 먹은 사람들이 아이처럼 변하여 천진하게 마음을 열고 머리를 맞대는 모습을 보는 일은 매우 흥겹고 보람이 큰 일입니다. 우리는 모두 듣고 말할 수 있는 능력이 있는데 왜 소통이 안 될까요? 왜 퍼실리테이터가 있으면 까다로운 논의가 풀릴까요? 소통의 촉매자인 퍼실리테이터는 대체 어떻게 하는 것일까요? 이러한 질문에 대한 해답이 궁금하여 교육장을 찾는 분들이 많습니다. 새로운 것에 눈을 뜨는 학습자들에게 퍼실리테이션은 여전히 직장의 답답한 소통 문화에 오아시스가 되고 있습니다.

보통 교육장에서 습득한 것이 온전히 내 것이 되기 위해서는 그것에 능한 선배로부터 배워가며 적용해야 합니다. 학교에서 수학 수업을 들었다고 문제를 당장 풀 수 있는 것이 아니라 수많은 연습이 필요한 것과 마찬가지 이치입니다. 그런데, 퍼실리테이션의 경우 교육장을 나가 직장으로 돌아가면 잘 구사하는 선배가 거의 없는 것이 문제입니다. 회의문화 개선 활동의 물결과 함께 직장의 회의 문화는 매우 개선되었지만 여전히 주먹구구식으로 진행하는 곳이 훨씬 많습니다.

이러한 이유에서 이 책은 기획되었습니다. 퍼실리테이션에 입문하는 분들에게도 좋은 길잡이가 되고 학습경험이 있는 사람들이 옆에 두고 수시로 참고할 수 있는 선배 같은 책을 만들고 싶었습니다. 책의 내용은 해외 서적과 컨퍼런스, 선배 퍼실리테이터들의 가르침 등을 통해 익힌 이론에 저의 경험과 주장을 더한 것입니다. 저의 경험이 퍼실리테이션의 모든 것을 말해줄 수는 없겠지만, 조금 앞서 공부하고 수행했던 지식과 경험을 나누고자 합니다.

1장에서는 조직 내 커뮤니케이션 관점에서 리더라면 갖추어야 할 4가지 역할로 시작하여 퍼실리테이션의 의미와 퍼실리테이터의 역할, 퍼실리테이션의 필요와 효용 등 기본 개념에 관한 내용을 담았습니다. 2장은 실전에 적용하기 위해 필요한 퍼실리테이션 프로세스와 단계 별 주요 기법을 소개하였습니다. 보통 퍼실리테이션은 다양한 아이디어나 의견을 '발산'하고 모두가 합의할 수 있는 결론으로 '수렴'하는 과정으로 요약할 수 있는데, 이에 소요되는 기본 스킬을 알 수 있습니다. 2장에서 소개하는 내용을 모두 소화한다면 호흡이 짧고 단순한 주제의 워크숍을 수행하는 데 별 문제가 없을 것입니다.

조금 복잡하거나 호흡이 긴 워크숍의 경우, 기본 스킬로 해결되지 않을 수 있기 때문에 3장에서는 세 가지 보완 기법을 다루었습니다. 2장에서 다룬 발상기법이 주로 '자유연상법'이라면 3장에서는 이를 보완할 '강제연상법'을 소개하였습니다. 아이디어를 검토하고, 보다 체계적인 의사결정을 도울 보완 기법들을 확인할 수 있습니다. 따라서 퍼실리테이션을 처음 접하는 초심자라면 3장을 건너뛰어도 좋습니다.

여기까지 학습한 내용을 바탕으로 워크숍의 프로세스를 설계하였다면 이제 퍼실리테이터가 해야하는 일은 현장에서 진행하는 일일 것입니다. 이 때 퍼실리테이터는 유능한 토론회 진행자와 같이 참석자들의 다양한 관점과 의견에 귀기울이고 참석자 간 오해나 갈등이 생기지 않도록 의사전달을 잘 해야 합니다. 이를 위해 퍼실리테이터가 갖추어야 할 커뮤니케이션 기본기는 4장에 담았습니다. 5장은 좋은 질문을 만드는 원리와 참석자들이 주제에 몰입할 수 있는 질문을 던지는 방법을 소개하였습니다. 넓게 보면 질문도 커뮤니케이션 스킬의 범주에 들어갈 수 있으나, 퍼실리테이션 기본과정 이수자들의 질문 중 매우 빈도가 높고 중요도가 높아 별도로 다루었습니다.

6장은 앞에서 학습한 내용을 활용하여 워크숍 프로세스를 설계하는 방법입니다. 같은 지식을 가지고도 퍼실리테이터의 배경지식과 경험에 따라 매우 다양한 프로세스가 설계될 수 있습니다. 그 만큼 프로세스 설계는 매우 주관적인 영역이라고 할 수 있지만 앞서간 선구자 퍼실리테이터들이 개발해 놓은 표준 프로세스를 익힌다면 점차 더 어려운 주제의 워크숍까지 다룰 수 있게 될 것입니다. 마지막 7장에서는 '조직개발' 관점을 소개하였습니다. 전문 퍼실리테이터가 된 이후 '퍼실리테이션이 조직문화를 개선해주나요?'라는 질문을 수 없이 받았습니다. 저 또한 많은 조직들의 '내부 문제'를 다루는 워크숍을 도우면서 체계적인 조직개발에 관심을 갖게 되었습니다. 그 결실로 최근에는 '소시오크라시'라는 수평적인 조직개발 이론을 국내에 도입하고 있습니다. 퍼실리테이터의 시야를 넓히고 퍼실리테이션의 지평을 확장해줄 조직개발에 관한 이야기와 사례를 7장에서 만나보실 수 있습니다.

이 책이 퍼실리테이션 초심자에게는 옆에 있어 줄 든든한 선배 같은 책, 워크숍을 수행하는 일이 많은 퍼실리테이터라면 언제든지 필요할 때 들추어 보며 도움을 받을 수 있는 참고서가 되기 바랍니다. 그리고 독자 여러분들의 다양한 경험과 관점을 공유해주시면 소통하며 저의 경험과 지식도 더 넓혀가도록 하겠습니다!

퍼실리테이션을 통해 만나는 모든 분들의 선의에 감사하며,
주현희 CPF/Master

㈜플랜비그룹 대표이사 **최익성**

아낌없이 모든 것을 내어놓았다. 저자가 수년 동안 공부하고, 경험했던 내용을 넘어서 과정에서 얻은 인사이트까지 남김없이 내어놓았다. 그룹이 더 잘할 수 있는 일을 돕는 최고의 퍼실리테이터답다. 모든 내용을 공개한다는 것은 자신감일 수도 있겠지만, 대한민국의 퍼실리테이션 수준이 진일보하길 바라는 저자의 깊은 마음이 있기 때문에 가능한 것이라고 본다. 퍼실리테이션 철학, 프로세스, 방법 그리고 실제 사례들이 많은 도움이 될 것이다. 책을 읽으면서 지금까지 진행했던 프로젝트, 워크샵, 회의 등에서 내가 무엇을 잘못했고 무엇을 고쳐야 하는지 배우게 되었다. 퍼실리테이터만이 아니라 이 땅의 모든 리더들이 소장하고 애독하길 바라는 책이다.

㈜리얼워크 대표 정강욱

〈러닝 퍼실리테이션: 가르치지 말고 배우게 하라〉 저자

　몇 년 전만해도 "퍼실리…뭐요?" 라는 말을 종종 듣곤 했습니다. 한 때는 발음조차 어색했던, 몇몇 전문가들의 특별한 방법론처럼 여겨지던 퍼실리테이션이 이제는 참 널리 알려진 것 같습니다. 좋은 방법론이 널리 알려지는 것은 참 바람직한 일입니다. 하지만 널리 알려지는 것만큼 제대로 사용되어야 하겠지요.

　그래서 이 책은 참 반가운 책입니다. 대한민국에서 손꼽히는 퍼실리테이터 주현희 대표님이 정말 쉽고 또 명쾌하게 퍼실리테이션의 개념과 원리, 방법과 케이스를 잘 정리해 주셨거든요. 특히 회의를 잘하는 방법과 워크숍을 설계하는 방법을 넘어 소시오크라시 전문가답게 조직개발이라는 더 큰 차원의 관점과 방향을 제시해준 부분도 참 좋았습니다. 정말 '더 퍼실리테이션'이라는 제목에 걸맞은 책입니다.

이 책을 통해서 많은 분들이 퍼실리테이션이라는 멋진 도구를 제대로 사용하는 '더 퍼실리테이터'가 되길 기대하고 또 응원합니다.

서울비즈니스스쿨 대표 **최효석**

소통이 부족한 시대다. 가정이나 학교도 그러하지만 매일이 전쟁터인 업무 현장에서는 더더욱 그렇다. 관리자는 실무자에게 지시형 커뮤니케이션만 하고, 같은 팀에 근무하는 사람들끼리도 서로 자기 이야기들만 하느라 좀처럼 의견을 맞추기 어렵다. 한편 그런 갈등이 싫어서 아예 입을 다무는 사람들도 많다. 이렇게 소통이 부족한 시대에 더욱 그 중요성이 강조되고 있는 것이 바로 퍼실리테이션이다. 퍼실리테이션은 좁게는 회의기법이지만 넓게는 우리가 소통하는 방식이며 나아가 커뮤니케이션을 바라보는 관점이자 철학이기도 하다. 이번에 국내 최초의 국제인증 마스터퍼실리테이터인 주현희 대표의 〈더 퍼실리테이션〉은 더 나은 소통이 필요한 모든 조직에 꼭 필요한 유용한 책이다. 회의와 소통기법은 물론 조직문화와 조직개발에 관심있는 모든 분들에게 큰 도움이 될 것이다.

헬렌컨설팅 대표 장정화

우리는 살면서 직장에서 뿐만 아니라, 가족회의, 스터디, 동호회 모임, 하다못해 계모임까지 여러가지 모임을 하고, 그 안에서 무엇인가를 결정하기 위해 회의를 합니다. 하지만, 우리가 정규 교육과정 속에서 이러한 의사결정을 하기 위한 의사소통 방법이나 회의 진행방법을 배운 적이 있었을까요? 매번 회의를 해도, 개운하거나 흔쾌히 동의하게 되거나 모든 사람이 만족스러운 결과가 나오기 힘들고, 지지부진하거나 제대로 회의가 진행되었다는 생각이 들기도 힘든 게 현실입니다. 이런 느낌을 받은 적이 있다면, 그런 분들께 꼭 이 책을 추천하고 싶습니다.

CONTENTS

CHAPTER 3　실전을 위한 보완 기법

CHAPTER 4　퍼실리테이터의 커뮤니케이션 기본기

CHAPTER 7 여정의 마무리: 퍼실리테이션과 조직개발

퍼실리테이션
여정의 시작

CHAPTER **1**

"회의하는 법을 따로 배워야 하는 걸까?"

직장에서 성실함으로 인정받는 K, 프로젝트 리더로 발탁되어 팀을 꾸려가게 되었다.
팀원들과 함께 프로젝트를 진행한 지 3개월, 무언가 문제가 생겼다. 프로젝트 특성상 팀원들과
소통, 협업할 일이 많아 회의를 자주 열었는데, 회의를 진행할수록 팀원들의 표정이 어두워져 간다.
의욕도 없어 보인다. 때로는 다그치고 때로는 달래보지만 팀원들의 발언은 줄어만 갔고
회의 자체를 기피하는 모습도 보인다. 생각해보니 그전 팀에서도 K가 회의를 진행하면
뭔가 썩 만족스럽지 않았다. 친구와 식사를 하다가 답답한 마음에 꺼낸 한 마디,
"회의하는 법을 따로 배워야 하는 걸까?"

리더의
4가지 페르소나

최근에 리더들은 새로운 상황에 직면해 있습니다. 팀장이지만, 본부장이지만, 대표이지만 마음대로 하기 어렵죠. 뻔히 답이 보인다고 해서 구성원들에게 지시하기만 하면 소통이 일방적인, 나아가 소통할 줄 모르는 사람으로 찍히기 십상입니다. 리더로서 주어진 권한이 있다고 해도 웬지 구성원들의 눈치가 보입니다. 리더는 어떤 자세를 취하는 것이 좋을까요?

흔히 우리들 각자에게는 다양한 '페르소나'가 있다고 이야기합니다. 페르소나는 연극 분야에서 흔히 쓰이는 말인데, 역할, 얼굴 등으로 이해할 수 있습니다. 주변인과의 관계에 따라 친구를 만날 때는 친구의 얼굴로, 직장에 오면 직장 상사나 동료의 얼굴로, 집에 가면 엄마나 아빠, 딸이나 아들, 형제나 자매의 얼굴이 됩니다. 친구의 역할이 주어지면 친근하고 솔직한 자세를 취하다가도 직장 상사가 마침 지나가다가 말을 붙이면 조금은 조심스럽고 예의를 갖춘 모습으로 순간 바뀌게 됩니다.

조직의 리더에게도 다양한 페르소나가 필요합니다. 여러가지가 있겠지만 의사소통 관점에서 4가지로 정리해볼 수 있겠습니다. 첫째는 가장 기본적인 '의사결정권자'의 역할입니다. 마케팅팀의 팀장은 마케팅 분야의 많은 경험과 전문성이 있기 때문에 그 자리에 있는 것이므로 전문성이 요구되거나 리더로서 책임져야 하는 어려운 상황에서 의사결정을 할 줄 알아야 합니다. CEO는 경영이라는 막중한 책임을 지는 사람으로서 각 부서장들에게 업무지시를 하거나 중요한 순간에 고독한 의사결정을 할 수 있어야 합니다. 물론, 이러한 과정에서 구성원들이 가지고 있는 정보나 의견을 참고할 수 있겠지요.

두 번째 '코치'의 역할 입니다. 결정이나 지시하지 않고 구성원에게 묻는 것입니다. 상대방에게 직접 의견이나 답을 주지 않고 현재 어떤 일이 벌어지고 있는지, 무엇이 문제라고 보는지, 어떻게 해결하기를 바라는지, 어떤 어려움이 예상되는지 등의 질문을 통해 상대방이 자신의 문제를 스스로 풀 수 있도록 돕는 역할입니다.* 종종 리더의

---

* 코칭이란 '인재개발기법의 하나로서, 코치와 코칭을 받는 사람이 파트너를 이루어, 스스로 목표를 설정하고 효과적으로 달성하며, 성장할 수 있도록 지원하는 과정(위키백과사전)'입니다.

의견은 구성원들에게 '정답'처럼 전달되기 쉽고 구성원들의 적극적인 사고와 참여를 저해하게 되므로, 코치라는 '질문자' 역할이 필요하게 됩니다.

세 번째는 '멘토'의 페르소나입니다. 어려운 순간에 나의 이야기를 잘 들어주고 함께 길을 잡아주는 사람, 답을 찾기 어려울 때 이렇게 해보는 것은 어떠냐, 하고 조언을 해주는 사람이 멘토라고 할 수 있습니다. 멘토링은 어떤 분야에 풍부한 경험이 있어서 후배를 비롯한 주변 사람들에게 조언해주는 일을 의미합니다. 인생의 멘토는 인생 경험이 나보다 풍부한 사람이어야 하겠지요? 리더는 종종 '조언자'가 되기도 합니다. 해당 업무 분야에 관한 풍부한 경험을 바탕으로 후배에게 '이런 경우는 협상 자체보다 사전 공감대 형성이 더 중요하다'는 식의 조언을 해 줄 수 있어야 합니다. 그냥 지시하는 것보다는 더 친밀하고, 최종 결정은 상대방이 하도록 여지를 두게 됩니다.

마지막으로, 리더는 '퍼실리테이터'가 될 수 있어야 합니다. 퍼실리테이터는 쉽게 말해 모두의 참여를 이끌어내는 회의리더라고 할 수 있습니다. 정해진 대로 지시하는 리더가 아니라 구성원들의 답을 듣고자 하는 리더입니다. 퍼실리테이터도 답을 주지 않는다는 면에서는 코치와 개념적으로 비슷합니다. 코칭이 주로 일대일 대화로 이루어지는 데 비해 퍼실리테이션은 그룹 의사소통을 이끌어간다는 차이점이 있습니다. 물론, 그룹 코칭도 이루어지는데 그룹 코칭이 여럿이 모이

긴 해도 개인적인 고민을 주로 다룬다면 퍼실리테이션은 공동의 안건을 다룬다는 점에서 차이가 있습니다. 즉, 퍼실리테이션은 회의나 워크숍 등 조직 차원의 이슈를 이해관계자들이 모여 머리를 맞대고 토의를 잘 하도록 돕는 활동입니다. 회의문화가 많이 좋아졌다 해도 아직은 일방적이고 지시적인 전달에 그치는 회의를 진행하는 리더들이 많습니다. '회의'의 사전적 의미는 '여럿이 모여 의논한다'는 뜻입니다. 여럿이 모여 진짜로 논의하는 회의를 이끌기 위해 리더는 퍼실리테이터가 될 수 있어야 합니다. 이 책의 주제 이기도 하지요.

〈SBS 스페셜 557회, 마흔 팀장님은 왜 이럴까?〉 편에서 한 회사의 회의 장면이 나옵니다. 회의 진행자인 팀장님이 앞에서 열심히 얘기를 합니다.

"이랬으면 좋겠어. 이런 아이디어를 내는 사람들이 있잖아? 그 사람들이 주인의식을 가지고 기초 자료를 만들어서 역제안 할 수 있으면 좋겠어. 어떻게 구현하는 지에 대한 상황까지도 어느 정도 만들어 놓고"

분위기가 조용해졌습니다. 그 뒤 중재자 역할을 하는 30대 직원이 얘기를 꺼내고 팀장이 답하는 대화입니다.

"그러면 아무도 제안 안 할 것 같은데요?"

"왜?

"힘들잖아요. 제안을 하게 되면 항상 부담감을 안고 가야 되고, 사실 아이디어 회의는 가볍게 갔으면 좋겠어요."

"아이디어 회의가 왜 가볍게 가야해? 이 바쁜 시간에 이렇게 모였는데"

회의가 끝난 후 20~30대 팀원들만 인터뷰를 한 장면도 나옵니다.

"연장자가 우선 우선 얘기를 하고, (부하 직원의) 얘기를 별로 안 들으려고 하는 경우가 많아서 사실은 그래서 소통이 안 이루어지는게 아닌가. 물론 말씀은 다들 '소통을 하고 싶어' 라고 하시지만요 어느 회사나 똑같은데, 어느 순간 보면 저희는 듣고 있어요. 왜냐면 아시는게 많으시잖아요. 보통은 쏟아

내요. 그러면 그 정보가 많아서 듣고 있을 수 밖에 없고.”

“나이와 직책을 떠나서 존중을 하고 윗 분들도 저희를 존
중을 해주면 서로 상승효과가 있을 거라고 생각을 하는데…”

위 대화는 일부분만 소개한 것으로, 전체적으로 볼 때 저 팀장은
성실하고 진정성 있게 일하고자 하는 사람이었습니다. 일이 되게 하
기 위해서 팀원들을 이끌고자 한 겁니다. 다만 그 방식이 팀원들에게
부담이 되었고 참석자들이 주도적으로 참여하는 회의는 되지 못했던
것 같습니다.

직장 내 다양한 관계로 볼 때, 리더십은 팀장만이 아닌, 일정 기간
근무한 구성원들에게 모두 필요합니다. 이 책을 읽는 많은 분들 또한
4가지 페르소나를 경험해 보았을 겁니다. 여러분은 어떤 역할을 가장
많이 하시나요? 특히 회의 리더십이 필요한 분들이라면 퍼실리테이
션에 주목하시기 바랍니다. 퍼실리테이션은 단지 회의 기법만을 이
야기하지 않습니다. ‘참여를 이끌어내는 원리’를 다룹니다. 강사에게
는 지식을 일방적으로 전달하지 않고 학습자의 참여를 이끌어 내는
원리로, 직장인에게는 구성원들과 함께 일을 풀어나가는 원리로, 부
모에게는 자녀의 입장에서 생각하며 자녀가 마음이 동하여 움직이게
하는 원리로 다가갈 것입니다.

도대체 퍼실리테이션 어떻게 하는 걸까요?

그냥 회의 말고
퍼실리테이션,
Meeting Facilitation!

퍼실리테이션이란 무엇일까요? 여섯글자나 되는 낯선 영어단어 퍼실리테이션, 발음하기도 쉽지 않습니다. 영어 사전에서 'facilitate'를 찾아보면 '쉽게 하다, 촉진하다, 원활하게 진행하다'라고 나옵니다. 이것의 명사형, 'facilitation'이 지금 말하고자 하는 '퍼실리테이션'입니다. 퍼실리테이션에 전문성이 있는 사람을 퍼실리테이터(facilitator)라고 합니다.

영어 facilitate가 '촉진하다'는 뜻이니까 'facilitation'을 '촉진' 또는 '촉진활동'이라고 말할 수 있겠습니다. 국제퍼실리테이터협회에서 발간한 "집단 퍼실리테이션 핸드북(The IAF Handbook of Group Facilitation, Jossey Bass)"은 여러 저명한 퍼실리테이터들이 함께 쓴 책인데, 그 중 누군가는 퍼실리테이션을 "그룹이 잘 하도록 돕는 것(helping groups do better)"이라고 소개하고 있습니다. 제가 아는 한 가장 쉬운 정의입니다.

네, 뭔가 잘 되도록 촉진한다는 것인데, 무엇을 촉진하느냐에 따라 이 단어의 용처가 달라지겠네요. 실제로 전문 분야 별로 '퍼실리테이션'이라는 평범한 단어에 전문성을 부여하여 사용하고 있습니다. 예를 들어, 간호분야에서 퍼실리테이션이라고 하면 '환자의 회복과 재활을 돕는 활동'이라고 봅니다.

비즈니스 분야에서 별다른 수식 없이 '퍼실리테이션'이라고 하면 주로 두 가지를 의미합니다. 하나는 강의 현장에서 강사가 참석자들을 청중이 아니라 참여하고 활동하며 배우는 '학습자'로 이끌어 내는 '학습 퍼실리테이션(Learning facilitation)'이고 다른 하나는 그룹의 의사소통과 의사결정을 원활하게 돕는 '회의 퍼실리테이션(Meeting facilitation)'입니다.

이 책을 통해 전하려는 퍼실리테이션은 '회의 퍼실리테이션(Meeting facilitation)'입니다. 이하 특별한 이유가 없다면 그냥 퍼실리테이션이라고 칭하겠습니다.

이러한 퍼실리테이션(Meeting facilitation)의 내용은 결국 아래 두 가지로 나누어질 것입니다.

'모두의 아이디어나 의견을 다양하게 모으는 일'

출처 최진모 디자이너, 〈[그래픽뉴스]직장인 스스로 채점한 회의문화〉, 2017.02.26, News1.

'집단이 효과적으로 참여하여 합리적으로 의사결정 하는 일'

문제는 위 2가지 일이 그렇게 말처럼 간단하지 않다는 데 있습니다. 대한상공회의소에서 2017년 3월에 발간한 '대한상의 브리프'에 게재된 〈직장인 스스로 채점한 회의문화〉라는 삽화 기사에 의하면 여전히 회의에 대한 문제가 많습니다.

물론 최근 조직 문화 변화와 함께 회의 문화도 개선되고 있습니다. 수평적인 문화를 지향하는 조직에서는 회의에 적정시간을 할애하고 '계급장 떼고' 자유롭게 의견을 개진하는 관행을 만들고 있습니다. 그런데 과거와는 또다른 문제가 발생합니다. 리더는 너무 많은 것을 구성원들에게 일일이 물어보느라 애를 쓰는데 정작 구성원들은 아무것도 결정해주지 않는 것 같은 리더에게 불만이 있기도 합니다. 반대로 구성원들이 너무 많은 의사결정에 참여하려고 하며 묻지 않고 리더가 결정하는 일 자체를 비판하며 일이 진척되지 않는 경우도 있습니다.

아래 내용은 어느 대기업의 교육 당시 한 참석자가 "참 답답했다"고 말해준, 회의 경험입니다. K사의 조직문화는 상당히 수평적인 것으로 알려져 있습니다. 요즘 수평적인 문화를 지향하는 조직에서 아래와 같은 의사결정장애(?) 문제가 종종 생기고 있습니다.

❶ 작은 문제가 있지만 대세에 지장이 없기 때문에 A안으로 결정하는 중 상급자가 갑자기 B의견을 제시하고 의견일 뿐이니 참고를 요청. (정답은 없음, 선택의 문제)

❷ B안은 아주 작은 이슈가 있을 것이라 판단되어 실무자는 기존 A안을 주장

❸ 상급자는 A안보다는 B안을 다시 주장

❹ 대세에 지장이 없는 상황이라 정답은 없으므로 B안으로 진행하는 것으로 협의

❺ 상급자는 B안은 의견일 뿐이라며, 그대로 할 필요 없음을 시사

❻ 실무자는 기존 A안으로 진행해 보겠다고 다시 말씀드림

❼ 상급자는 A안보다는 B안을 다시 주장

❽ 대세에 지장이 없는 상황이라 정답은 없으므로 B안으로 진행하는 것으로 협의

❾ 상급자는 B안은 의견일 뿐이라며, 그대로 할 필요 없음을 시사

❿ 실무자는 기존 A안으로 진행해 보겠다고 다시 말씀드림
　　3~10 무한 반복 (아주 작은 결정에 2.5시간을 소비)

　이러한 회의 문제들, 어떻게 해야 할까요? 퍼실리테이션의 정의에서 답을 찾아볼 수 있습니다. 다양한 정의가 있지만 이렇게 정의해보겠습니다.

○○에는 어떤 말이 들어갈까요?

네, '모두'와 '설계'입니다. (설계 대신 계획이나 준비라는 말을 써도 맞습니다.)

'모두'가 의견을 개진하지 않으면 '모두'의 일이 되지 않습니다. 일방적으로 말하는 "답정너"나, 아무도 얘기하지 않는 침묵 속의 시간들, 그리고 회의 때 아무 말 안 하다가 결론이 정해진 후 따르지 않겠다고 하는 경우 등이 그렇습니다. 또한 '설계' 하지 않으면 회의 시간이 2~3배로 늘날 수 있습니다. K사 스토리처럼 대안의 평가 기준과 결정 방법도 준비되지 않으니 제 시간에 합리적으로 의사결정을 하기도 어렵습니다. 회의에 참석을 하면서도 '이 회의 왜 하는거지? 난 여기 왜 있는거지?'라고 느끼는 경우도 많습니다. 중요한 것은 '모두의 아이디어나 의견을 다양하게 모으는 일'과 '의사결정 하는 일'이라는 어려운 과정을 사전 준비없이 진행하면 문제가 발생할 수 있다는 점입니다.

회의는 늘 하는 것이니까 누구나 잘 할 수 있는 것일까요? 그렇지 않습니다. 그렇다면 이 많은 직장인들이 '회의'를 신물나게 싫어하지 않을 것입니다. 친한 친구들의 수다 모임, 별로 한 이야기도 없는 것 같은데 2~3시간이 금방 갑니다. 어떤 목적도 없이 그냥 이야기 나누는 것인데 그렇습니다. 하물며 회의는 목적이 있고, 저마다 이해관계가 다른 상태에서 결론을 내야하는 자리입니다. 논리적인 접근이 필요하지만 어느 순간 누군가 뱉은 말에 감정이 상해서 '삐딱선'을 타게 되는 그런 자리입니다. 퍼실리테이션은 논리언어와 감성언어를 잘 조화시켜야 하는 일입니다. 이는 배움과 훈련이 필요한 일입니다.

그런데 우리는 학교를 다니는 동안 회의 기법을 거의 배우지 않았습니다. 아무도 알려줄 수 없었기 때문입니다. 조직생활을 하는 누구나 회의에 참여하고 직책에 따라 회의를 주재할 일이 오니까 그냥 하고 있지만 잘 생각해보면, 아무도 회의하는 방법을 알려준 적이 없습니다. 체계적인 회의 기법, 퍼실리테이션 이론이 20세기 후반에야 정립되었기 때문입니다. 이제 우리나라에도 전파되고 있지만 교육과정으로 편성되지도 않았기 때문에 여전히 학교에서는 배울 수가 없습니다.

안타깝게도 우리는 본의 아니게 회의를 통해서 서로가 서로를 괴롭히는 경험을 하게 됩니다. 회의는 지금까지 쌓인 개인 기량에 의존할 일이 아니라, 학습하고 사전에 준비해야하는 일입니다. 여러분이 유명한 토론 프로그램의 뛰어난 아나운서가 아니라면 말이죠.

실제 워크숍 현장

　그냥 회의와 퍼실리테이션 워크숍의 차이는 장면만 봐도 알 수 있습니다. 일반적인 회의는 보통 긴 테이블에 마주 앉아있는 정적인 모습이 연상되지만 퍼실리테이션 워크숍은 자유롭고 동적이며, 무엇보다 정확한 의사소통을 위해 거침없이 기록한 차트 기록물이 벽을 가득 채웁니다.

퍼실리테이터의 역할

❶ 그룹 의사소통 전문가

퍼실리테이션은 "참석자 모두가 의견을 개진하고 의사결정 과정에 효과적으로 참여할 수 있도록 집단 의사소통 과정을 설계하고 진행하는 일"이라고 하였습니다. 즉 퍼실리테이션은 그룹 의사소통을 계획, 설계하고 진행하는 일입니다. 자연히 퍼실리테이터는 프로세스 설계와 워크숍 진행이라는 임무를 수행하게 됩니다.

일찍이 교육장을 찾은 학습자들에게 '퍼실리테이터'를 어떻게 부르는 것이 좋겠냐고 물어보면 회의를 진행하는 사람이니까 '진행자'나 '사회자', 뭔가를 잘 하도록 도움을 주는 사람이니까 '도우미', 회의를 잘 이끌어 가는 사람이라는 뜻으로 '이끔이', 사람들이 무언가를 잘 해 내도록 힘을 주는 사람이니까 '북돋우미' 등등의 다양한 답변이 있었습니다.

2009년 한국퍼실리테이터협회가 결성되던 당시 창립자들은 이 말을 우리 말로 옮겨 보려고 머리를 맞대었지만 퍼실리테이션이 단순한 회의 진행자 이상의 의미가 있어 일단 원어 그대로 사용하기로 했던 역사가 있습니다. 대기업 중심으로 전파되던 퍼실리테이션이 공공 분야, 시민사회 분야로 널리 퍼지면서 퍼실리테이터를 "촉진자"로 직역하여 쓰는 사례가 늘고 있습니다.

프로젝트 팀장으로 효과적인 소통과 협업에 대해 고민 중인 K의 이야기로 잠시 돌아가 볼까요?

K가 중요한 회의를 진행하게 되었습니다. 최근 트렌드 분석 자료의 이해가 선행되어야 하는 회의입니다. 그런데 참석자들이 자료를 파악하고 올지 불분명하네요. 게다가 참석자 중 2~3명은 비판적이고 자기 말만 하기로 유명한 사람들입니다. K는 어떻게 해야 할까요?

만약 K가 퍼실리테이터의 역할을 고려했다면, 회의 목적, 결과물, 참석자를 파악하여 이런 식의 생각을 했을 겁니다. '회의 분위기가 딱딱할 수 있으니 위밍업 과정을 통해 분위기를 만들어야겠어', '요즘 다른 이슈 때문에 정신 없어서 참석자 대부분 자료를 숙지 하지 못할 수 있겠구나. 별도의 정보 공유 시간을 00분 가지는 것이 좋겠어.', '그 2~3명을 모두 다른 테이블에 배치하자. 전체 토의보다는 소그룹 토의로 진행하는 것이 모두가 자유롭게 발언할 수 있겠네', '의견 수렴할 때는 브레인스토밍보다는 브레인라이팅이 좋겠는데?', '회의 마무리할 때는 결론, 담당 과업, 담당자, 기한은 차트에 꼭 써서 공유해야겠다', '내가 중립적인 언어를 사용하여 신뢰감을 주는 것이 효과적인 진행에 중요하겠어' 등을 미리 생각하고 이에 따라 진행하는 것이지요.

이처럼 퍼실리테이터는 성공적인 회의를 위해 오프닝부터 클로징까지 프로세스를 고민하며 상세하게 설계합니다. 그리고 그 결과로 작성된 상세진행계획서를 가지고 현장에서 진행을 합니다. 워크숍 현장을 이끌어가는 지도에 따라 참석자들을 안내하는 것입니다. 때로 샛길로 빠지거나 지체되거나 돌발 상황에 직면하더라도 이 지도가 있으므로 다시 제 자리로 돌아올 수 있고 돌발 상황에 대처하여 다른 길을 찾을 수 있습니다. 들리려던 중간 기점이 세 곳이었다면 덜 중요한 하나를 빼고 두 곳만 들려 목적지에 가기로 결정할 수도 있습니다.

퍼실리테이터는 토의 '내용'(Contents)에 대한 전문가가 아니라 토의 '과정'(Process)에 대한 전문가로서 참석자들이 솔직한 의견, 창의적인 아이디어를 효과적으로 내놓을 수 있도록 돕는 것이지 직접 의견을 내지 않는다는 점을 잊지 말아야 합니다.

중립적인 위치에서 어떻게 '아이디어나 다양한 의견을 모으는 일'

과 '의사결정 하는 일'을 도울 수 있을까요? 첫째. 편안하고 안전한 분위기를 조성해주는 것입니다. 그리고 토의 주제와 성격에 따라 적절한 기법을 활용합니다. 그래야 참석자들이 어떠한 관점도 자유롭게 말할 수 있습니다. 둘째, 퍼실리테이터 자신의 의견을 내지 않고 참석자들이 합리적으로 의사결정할 수 있도록 돕는 것입니다. 이렇게 하기 위해서는 참석자들에게 적절한 판단 기준이나 의사결정 방법을 제안할 수 있습니다. 판단 기준 관련해서는, 논의는 수없이 해왔으나 실행되지 않는 것이 문제라면 '실행용이성'을 기준으로 의사결정해 볼 것을 제안할 수 있고, 치열한 경쟁 환경에서 소비자의 마음을 사로잡을 수 있는 신상품을 개발해야 한다면 '참신함'을 기준으로 아이디어를 평가하여 몇 가지 대안을 추린 다음 그 중에 개발 용이성과 시장성이 높은 아이디어를 선정하도록 진행할 수 있습니다. 또한 다소 간단하고 민감하지 않은 사안에 대해서는 다수결로 빠르게 결정하거나, 중요하거나 민감한 사안에 대해서는 다른 방식의 투표나 모두의 동의를 묻는 방식으로 의사결정을 진행할 수 있을 것입니다.

'우리 팀은 퍼실리테이터 없이도 회의를 무리 없이 진행하는데, 퍼실리테이터가 필요한가?' 라고 생각할 수 있습니다. 네. 참석자 모두가 회의 역량이 충분한 경우 퍼실리테이터 없이 즉흥적으로 진행할 수도 있습니다. 그런데 이는 참석자들이 모두 퍼실리테이터로써 촉진자 역할을 하고 있다는 뜻이기도 합니다. 자신의 입장을 솔직히 애기하면서 전체의 논의 흐름도 살피는 두 가지 역할을 능숙하게 수행하고 있다는 뜻입니다. 그런데 이런 경우는 많지 않습니다. 참석자는 자신의 입장을 효과적으로 말하는데 몰입하기 마련이고 또 그래야 합니다. 자유롭고 다양한 집단 소통이 집단 지성이 되기 위해서는 모든 구성원의 의견을 구슬로 만들고 이를 꿰어 모두에게 유의미한 결론을 도출하도록 회의를 설계하고 진행하는 사람이 필요합니다. TV 토론 프로그램에 나오는 패널들도 개인적으로는 문제가 없지만 자신의 입장을 주장하는 자리이기 때문에 중립적인 진행자가 필요한 것과 마찬가지입니다.

② 성공하는 퍼실리테이터의 9가지 역할

저명한 퍼실리테이터 마이클 윌킨슨은 퍼실리테이터를 '회의 조언자(Meeting adviser)', '회의 관리자(Meeting manager)', '회의 리더(Meeting leader)' 그리고 '참여 촉진자(Participating facilitator)로 정의하였습니다.(The Secrets of Facilitation, Michael Wilkinson)*

또한 마이클 윌킨슨은 퍼실리테이터의 구체적인 역할에 대해서는 8가지로 설명한 바 있습니다. 마이클 윌킨슨의 설명에 저의 경험과 관점을 더하여 총 9가지로 설명해보겠습니다.

---

* Michael Wilkinson, 고수일·김형숙·김종근 번역, 《회의에 날개를 달아주는 퍼실리테이션 스킬》, 2009.04.20, 다산서고.

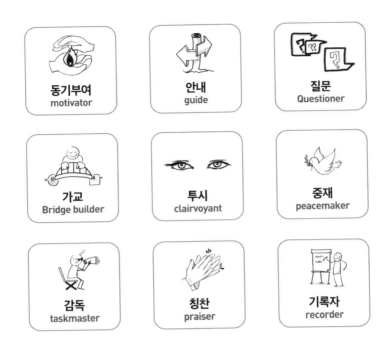

동기부여 motivator	**안내** guide	**질문** Questioner
가교 Bridge builder	**투시** clairvoyant	**중재** peacemaker
감독 taskmaster	**칭찬** praiser	**기록자** recorder

① 동기부여 Motivator 퍼실리테이터는 회의실에 활력과 열기를 불러 일으킬 수 있어야 합니다(Wilkinson). 그렇다면 어떻게 동기부여해야 할까요? 우선, 워크숍을 왜 하는지(Why), 무엇을 논의할 것인지(What), 그래서 참석자들(Who)에게 어떤 가치가 있는지(참석자 초대 이유)를 명확하게 설명할 수 있어야 합니다. 퍼실리테이터는 엔터테이너가 아니므로 활력을 불어넣기 위해 불필요하거나 과한 농담이나 쇼맨십을 발휘할 필요가 없습니다. 재치와 적절한 농담으로 밝은 분

위기를 만드는 것은 아주 좋은 요소이지만 Why, What, Who에 대한 구체 설명 없이 그런 것들만으로 참석자들이 동기부여 되지는 않을 것입니다.

② 안내 Guide 퍼실리테이터는 워크숍이 시작해서 끝날 때까지 어떤 프로세스로 이루어지는지 안내합니다(Wilkinson). 전체 과정이 어떻게 이루어지고 어떤 단계에서 어떤 논의를 하게 된다는 것을 참석자들이 이해하고 있다면 프로세스뿐 아니라 퍼실리테이터에 대한 신뢰도 높아집니다. 흐름을 이해하고 있다면 성급한 마음을 가라앉히고 해당 세션에서 이야기할 준비를 함으로써 퍼실리테이터의 진행에 순조롭게 참여할 수도 있습니다.

③ 질문 Questioner 퍼실리테이터는 참석자들의 토의 내용을 유심히 듣고 필요한 때에 적절한 질문을 던짐으로써 참석자들이 더욱 의미 있는 논의를 할 수 있도록 해야 합니다(Wilkinson). 그 누구보다 워크숍에 몰입해야 하는 사람은 다름 아닌 퍼실리테이터입니다. 참석자들은 자신이 하고 싶은 이야기에만 몰두하면 되지만 퍼실리테이터는 참석자의 발언과 반응을 살피며 맥락을 놓치지 말아야 합니다. 그렇게 해야만 적시에 좋은 질문을 던질 수 있습니다. 여기서 말하는 질문을 조금 더 적극적으로 해석하면 참석자들의 올바른 결정을 위해

짚고 넘어갈 '논제'를 던지는 일이기도 합니다.

④ 가교 Bridge builder 퍼실리테이터는 참석자들이 자신의 생각을 자유롭게 공유할 수 있는 편안한 분위기를 조성하고 서로 너무 다른 의견을 가지고 있는 것 같아 보일 때에는 어떤 공통점이 있는지 발견하고 이견을 좁혀 갈 수 있도록 도와야 합니다(Wilkinson). 참석자들의 발언 내용을 선입견 없이 그대로 듣고, 주장 자체보다 그 주장을 펴는 배경이나 관점에 초점을 맞추어 보는 것이 도움이 됩니다. 반쯤 채워진 물컵을 보고 누군가는 반이나 있다 하고 누군가는 반 밖에 없다고 한다는 유명한 이야기가 있지요. 의견이 대립되어 보이는 두 사람의 주장에 실은 이런 공통점이 있지 않을까, 퍼실리테이터가 던져 보아야 하는 질문입니다.

⑤ 투시 ClairVoyant 퍼실리테이터는 참석자들이 필요 이상의 부담감으로 억제되거나 피곤하고 화가 날 만한 잠재 요소가 무엇인지 꿰뚫어 볼 수 있어야 합니다(Wilkinson). 이쯤 되면 퍼실리테이터가 만능처럼 느껴지죠? 최적의 프로세스를 설계하는 일은 어쩌면 시작이면서 가장 기본일지도 모릅니다. 퍼실리테이터에게는 인간 행동 심리에 관한 기본적인 이해를 바탕으로 상황의 변화에 따라 참석자들의 반응이 어떻게 바뀔지 예측하고 대응하는 역량이 추가적으로 필요합니다.

⑥ 중재 peacemaker 갈등과 대립은 피하는 것이 좋지만, 생기기 마련이므로 퍼실리테이터가 개입해서 참석자들이 다시 건설적인 논의에 집중할 수 있도록 도와야 합니다(Wilkinson). '투시'하여 문제를 발견하였거나, 명백히 드러나는 갈등이 있다면 적절하게 대처할 수 있어야 합니다. 기본적인 커뮤니케이션 스킬이나 비폭력대화(NVC, Non-Violent Communication) 스킬과 중재 스킬, 질문 스킬 등이 큰 도움이 됩니다.

⑦ 감독 taskmaster 퍼실리테이터는 논의가 핵심에서 벗어나지 않도록 불필요한 논의를 최소화하면서 워크숍 안건을 처리할 수 있도록 진척시켜야 합니다(Wilkinson). 정상적이라면 참석자들은 퍼실리테이터를 믿고 따르는 경향이 생기는데, 너무 믿는 나머지 참석자들이 하고 싶은 말들을 쏟아 내다보면 논의가 산으로 가거나 주어진 시간 안에 결론을 못 낼 수도 있습니다. 따라서 퍼실리테이터가 편안한 분위기를 유지하면서 궤도를 이탈하지 않도록 관리해 주어야 합니다.

⑧ 칭찬 praiser 참석자들의 노력, 토의 과정과 결과 등에 대해 자주, 구체적으로 칭찬해야 합니다(Wilkinson). 두말할 필요가 없는 활동이겠지요? 다만, 결과뿐 아니라 '노력'과 '과정'에 대해서도 '구체적으로' 칭찬해주는 것이 좋다는 점을 기억하시기 바랍니다. "잘 하셨습니

다!" 이상의 세련된 칭찬 방법을 퍼실리테이터는 알아야겠습니다.

마지막으로 **⑨ 기록자 recorder** 역할을 덧붙이고 싶습니다. 참석자들의 주요 발언 내용을 차트나 보드에 기록하여 보여줌으로써 참석자가 한 말이 정확하게 전달되었는지 확인할 수 있고, 언제든 다시 내용을 확인할 수 있기 때문에 불필요한 논쟁을 없앨 수가 있습니다.

이 정도면 퍼실리테이터가 어떻게 행동하고 참석자들의 논의를 '촉진'해주어야 하는지 감을 잡으셨나요? 아르헨티나에 자리한 IIFAC(International Institute for Facilitation And Change)에서 2013년에 공개한 동영상 "퍼실리테이터가 하는 일(What do facilitators do?)"도 도움이 될 것입니다. 유튜브(www.youtube.com)에서 찾아볼 수 있습니다.

퍼실리토크라시 facilitocracy

퍼실리테이터를 컨설턴트와 비교하면 '프로세스(과정) 전문가'라고 말할 수 있습니다. 컨설턴트는 '컨텐츠(내용) 전문가'입니다. 경영 컨설턴트는 경영 분야에 전문성이 있어서 이에 관한 '답'을 제시해줄 수 있어야 합니다. 퍼실리테이터는 참석자들이 논의하는 내용(분야)에 대해 전문성을 가질 필요는 없습니다. 문제해결, 비전 수립, 전략 계획 등 워크숍에서 다루고자 하는 안건의 성격을 이해하고 그에 맞는 최적의 '프로세스'를 제공하는 사람입니다.

따라서, 프로세스에 대해서는 전문성을 가지고 주도적으로 워크숍을 진행해 나가게 됩니다. 아마추어가 아닌 전문 퍼실리테이터는 적합한 워크숍 '프로세스'에 대해 '컨설팅'할 수 있어야 합니다. 퍼실리테이터가 믿음직스러울수록 참석자들은 퍼실리테이터가 안내하는 대로 토의 과정에 몰입하게 됩니다.

퍼실리토크라시란 복잡하고 어려운 논의 과정에서 퍼실리테이터에 대한 의존도가 높을 경우 결국은 퍼실리테이터가 짜놓은 계획 안에서 결론이 날 수 있고, 이것이 퍼실리테이터의 권력이 될 수 있음을 경계하여 표현한 말입니다. 특히, 전문 퍼실리테이터가 아니라 조직 내 퍼실리테이터에게 워크숍의 설계와 진행권한이 주어질 경우 조심할 필요가 있습니다. 전문 퍼실리테이터는 주로 이해관계가 없는 고객사에 제3자로 진행하기 때문에 사심이 들어가지 않지만, 조직 내부 퍼실리테이터는 자신 또한 조직 구성원이고 이해관계 안에 있기 때문에 그런 유혹에 빠질 수 있습니다.

이러한 퍼실리토크라시의 위험을 피하기 위해, 사내 퍼실리테이터가 양성되어 있는 조직에서는 A 부서와 관계 없는 B 부서의 퍼실리테이터가 A부서의 회의를 진행하기도 합니다. 또한 퍼실리테이터의 중립성을 담보하기 위해 리더나 팀장이 아닌 구성원에게 퍼실리테이터 역할을 주기도 합니다.

퍼실리토크라시에 빠지지 않으면서 믿음직한 퍼실리테이터가 되기 바랍니다.

무엇보다 중요한,
퍼실리테이션 정신

퍼실리테이터는 어떤 마음가짐으로 임해야 참석자들의 편안한 참여와 효과적인 논의, 합리적인 의사결정을 도울 수 있을까요? 올바른 퍼실리테이션 정신은 어떤 것일까요?

❶ Every Voice Matters, '경청'

퍼실리테이션 뿐 아니라 많은 커뮤니케이션 전문가들이 커뮤니케이션의 시작은 '경청'이라고 말합니다. 듣지 않고 상대방의 말을 이해할 수 없고, 이해하지 못한 상태에서는 적절한 반응을 보일 수 없기 때문입니다. 그런데, 상대방을 신뢰하거나 존중하지 않는 사람은 상대방의 이야기를 잘 듣지 않을 것입니다. 나를 존중하지 않고 내 이야기를 소홀히 듣는 사람 앞에서는 자신의 의견을 잘 꺼내 놓지도 않을 것입니다. 따라서 훌륭한 퍼실리테이터라면 참석자들의 생각을 존중하고 잘 들을 수 있어야 하고 참석자 서로서로도 그렇게 할 수 있도록 도와야 합니다.

이와 관련하여 퍼실리테이터들이 대표적으로 워크숍 참석자들에게 제시하는 전제는 "Every voice matters(모든 사람의 의견은 중요하다)."일 것입니다. 우리가 머리를 맞대고 함께 의사결정하기로 했다면 그 자리에 참여한 모든 사람들이 자신의 의견을 낼 수 있어야 하고, 퍼실리테이터를 비롯한 모든 참석자들이 귀기울여 들어야 합니다.

❷ 참석자들의 잠재력을 '믿음'

퍼실리테이터는 참석자들에게 분명히 답이 있을 것이고 해 낼 수 있을 것이라는 믿음 즉, 참석자들의 잠재력에 대한 믿음이 필요합니다. 조직의 리더라면 구성원 모두에게 잠재력이 있음을 '믿어야' 합니다. 할 수 있다는 믿음이 없는 리더는 구성원들의 의견을 묻지 않고 시종일관 '지시'하게 될 것입니다. 그러한 믿음이 없이는 어쩌다 의견을 묻는다 해도 형식적인 과정에 그칠 것입니다.

❸ 참석자들의 의견을 '인정'

참석자들의 의견을 존중하고 인정할 수 있어야 합니다. '인정'이란

'그렇게 생각하시는군요. 일리가 있습니다'라고 말할 수 있는 것입니다. 그 생각에 동의할 필요는 없습니다. 누군가의 생각이나 의견이 그러하다는 사실을 있는 그대로 받아들이면 됩니다. 그 사람의 생각이 보편 타당하게 맞다고 인정하는 것은 아닙니다.

사람의 본성은 선할까요? 악할까요? 아주 오래된 철학적 논쟁의 주제이지만 쉽사리 결론내기 어려운 질문이기도 합니다. 퍼실리테이터의 입장에서 이론적 접근보다 경험적 접근이 더 유용합니다. 첫 만남에서 또는 워크숍을 시작하는 순간까지 수동적이거나 부정적인 반응을 보이는 참석자들이 워크숍 현장에서 변화하는 모습을 볼 때, 퍼실리테이션은 결국 사람들 안에 잠자고 있는 선한 의지와 열정을 깨워주는 일이라는 점에 더욱 확신이 듭니다.

"이런 논의 다 해봤는데, 소용없습니다.", "결론도 잘 안 날 텐데…"라고 말하는 사람이라고 해서 본성이 삐딱한 것은 아닐 것입니다. 그동안 겪어 온 여러 부정적인 경험으로 인한 자연스러운 반응일 것입니다. 잘 설계된 워크숍에 참여하면서 점점 더 몰입하고 뭔가 될 것 같다는 생각으로 바뀌면 처음에 부정적이었던 것과 전혀 다른 모습으로 열정을 불태우는 참석자들을 많이 보았습니다. 자신의 일을 더 잘해내고 싶은 마음, 공동체에 기여하고 싶은 마음이 불합리한 또는 비효율적인 업무절차나 관행에 억눌려 있다가 봉인해제 되는 것입니다.

퍼실리테이션의 철학과 정신의 다양한 표현

의견 존중

모든 의견은 중요하다

경청

중립

신뢰

참석자의
잠재을 믿음

평등

❹ 나의 생각을 참석자들에게 알리지 말라, '중립'

마지막으로 많은 퍼실리테이터들이 가장 강조하는 퍼실리테이터의
자세는 '중립'입니다. '중립'은 '어느 한 쪽으로 치우치지 않음'을 의미
합니다. 퍼실리테이터가 중립을 지킨다는 것은 어떻게 한다는 것일
까요?

첫째, 의견이 갈릴 때 어느 한 쪽의 편을 들거나 그렇게 보이면 안
될 것입니다. 참석자들은 퍼실리테이터를 믿고 자신의 솔직한 의견
을 말하는 것이므로, 퍼실리테이터가 내가 아닌 다른 사람의 관점에
동조한다고 판단되면 더 이상 진솔하게 참여하지 않을 것입니다.

둘째, 바로 '자신의 의견을 내지 않는다'는 것입니다. 퍼실리테이
터는 토의에 참여하는 사람이 아니라 토의를 진행하는 사람이기 때

문입니다. 만약 여러분 팀의 팀장님이 아이디어 회의를 진행하면서 "이건 그냥 저의 개인적인 의견일 뿐이니 참고만 하세요."라며 자신의 의견을 말한다면 과연 그 말처럼 '참고만' 하게 될까요? 리더의 말에는 그의 의도와 상관없이 무게가 실리기 마련입니다.

퍼실리테이터가 팀장 같은 리더는 아니지만, 워크숍 현장을 이끌어가는 사람이기 때문에 참석자들은 퍼실리테이터를 일종의 '리더'로 인식하게 됩니다. 따라서 퍼실리테이터가 토의 내용에 관여하지 않고 효과적인 토의가 되도록 '프로세스'를 관리하는 것이 가장 좋은 접근방법입니다. 퍼실리테이터는 회의 목적에 도달하기 위한 참석자들과 함께하는 조종사(Pilot)이자 안내자(Guide)이지만, 의견 개진과 의사결정의 주체는 아닙니다. 퍼실리테이터가 중립적 자세를 어기고 토의 내용에 관여한다면, 회의의 주인공인 참석자들이 주도적으로 고민하고 의사결정 하는데 문제가 될 것입니다.

이 책을 통해 앞으로 다양한 퍼실리테이션 기법을 설명 하겠지만, '기법'보다 더 중요한 것은 퍼실리테이션 '정신'입니다. 퍼실리테이터가 이러한 철학과 자세를 가지고 있을 때는 회의가 변하게 됩니다. 〈드라이브, 다니엘 핑크〉에서 소개한 자기 결정성 이론에 따르면, 행동에 필요한 에너지인 '동기'를 뒷받침하는 3가지 중요한 욕구가 자율성, 유능감, 관계성이라고 합니다. 즉 이 3가지 욕구를 충족해갈 때 내적 동기부여가 되고 행동으로 연결된다는 것입니다.

좋은 철학과 자세를 지닌 퍼실리테이터가 진행하는 회의는 이 3가지 욕구 충족을 촉진해 줄 것입니다. 모두가 의견을 자유롭게 개진하고, 그 의견들이 모두 소중히 다뤄지는 가운데 합리적인 의사결정에 참여하니 주도성과 유능감이 생길 것입니다. 그리고 그 과정에 있어서 당연히 팀워크도 생기며 관계성도 높아지겠지요. 그러면 내적 동기부여가 일어나면서 자연히 실행력은 높아질 것입니다. 회의가 끝난 후 논의한 대로 '함께 잘 해봅시다.'라는 팀 스피릿이 생기는 것이지요.

퍼실리테이션에 대해 사람들이 "아, 포스트잇 쓰고 스티커 붙이는 것 말이죠?"라고 말할 때 안타깝습니다. 포스트잇과 투표용 스티커는 원활한 토의를 위한 도구이지 퍼실리테이션의 핵심이 아닙니다. 중요한 것은 집단지성이 살아나고 논의한 바를 실행하고자 하는 동기가 부여되는 과정, 그런 과정을 만들어 내는 철학과 자세입니다.

"우리 팀의 회의를 진행할 때, 제가 퍼실리테이터로서 중립을 위해 어떤 의견도 내면 안되는 건가요?"

'중립'에 대하여

여러분이 만약 팀의 일원이면서 우리 팀의 아이디어 워크숍을 진행한다고 생각해봅시다. 내가 속한 팀의 워크숍에서 나는 중립을 어떻게 지킬 수 있을까요?

컨설턴트는 어떤 분야에 대해 '전문성'을 가지고 '답'을 제시하는 것이 핵심 업무이므로 어떤 조직에서 컨설팅을 의뢰했다는 말은 컨설턴트가 알고 있는 해답을 요구한다는 말이 됩니다. 예를 들어, 경영 컨설턴트는 경영 분야의 전문가로서 경영을 잘 할 수 있는 해법을 줄 것입니다. 퍼실리테이터는 '워크숍 기법과 프로세스'에 관한 전문가이므로 어떤 조직의 워크숍을 설계/진행하는 퍼실리테이터의 서비스를 '워크숍 컨설팅'이라고 할 수 있습니다. 따라서 중요한 워크숍 계획이 있다면 초기부터 경험이 많은 퍼실리테이터와 상의하면 최적의 워크숍 환경을 준비할 수 있습니다. 만약 워크숍 컨설팅을 의뢰한 조직의 업종이 IT 서비스이고 마케팅 본부의 마케팅 전략 수립을 위한 워크숍이 필요한 상황이라면 퍼실리테이터는 고객과 의사소통을 할 수 있도록 최소한의 IT 서비스 산업 및 마케팅에 대한 지식을 공부해야 할 것입니다. 그리고 '전략 수립 워크숍'의 프로세스에 대해서는 전문성을 가지고 워크숍 전 과정을 컨설팅 할 수 있어야 합니다.

그러나 퍼실리테이터는 '토의 과정'에 대한 전문성을 가지고 해당 조직 구성원들의 원활한 논의를 도울 뿐, 퍼실리테이션을 의뢰한 조직의 '업'이나 안건의 내용에 대해서는 어떤 방향이 좋다 혹은 나쁘다는 의견을 내놓지 않습니다. 퍼실리테이터는 컨텐츠를 컨설팅하는 것이 아니라 참석자들이 컨텐츠를 잘 만들 수 있도록 워크숍 프로세스를 컨설팅 하기 때문입니다.

앞에서 언급했듯이 '중립'을 지키는 것은 아무리 강조해도 지나치지 않을 퍼실리테이터의 윤리입니다. 저와 같이 퍼실리테이션을 직업으로 삼아 다른 조직에 퍼실리테이션 서비스를 제공하는 전문 퍼실리테이터라면 어쩌면 당연한 일입니다. 내가 속해 있지 않은 조직의 문제에 대해 외부인이 이러쿵 저러쿵하는 것이 더 이상한 일일 수도 있습니다. 따라서 전문 퍼실리테이터에게 중립이란 매우 필수적이고 지키기 어렵지 않을 수 있습니다.

그러나 때로는, 전문 퍼실리테이터가 진행하는 워크숍에서도 참석자들이 "당신의 의견은 어떠냐?"고 물을 때가 있습니다. 저명한 퍼실리테이터 브라이언 스탠필드는 이 경우 참석자들에게 "잠깐 참여자의 입장에서 의견을 내도 되겠느냐?"고 양해를 구한 뒤, 진행자 석에서 나와 참석자 석으로 자리를 옮겨 앉아 자신의 의견을 내고, 다시 진행자 석으로 돌아와 퍼실리테이터의 역할을 이어가라고 조언한 바 있습니다. 퍼실리테이터가 잠시 참석자의 페르소나를 취했다가 다시 돌아오는 과정을 자연스럽게 받아들인다면 괜찮은 대안이 될 것입니다.

한 기업의 "회의문화 개선"을 위한 1박 2일 워크숍을 전문퍼실리테이터로서 진행할 때였습니다. 개선 아이디어를 내는 과정에서 몇몇 참석자들이 저의 의견을 물었습니다.

"진행자님은 이 분야 전문가이니 좋은 아이디어가 많이 있을 거 아니에요? 좀 알려주세요."

저는 거절했습니다. 그러나 참석자들이 집요하게 요청하여 "그럼 참석자 입장에서 하나만 이야기해도 되겠느냐?"고 양해를 구한 뒤 저의 의견을 제시하였습니다. 어떻게 되었을까요?

"아, 그래요?"라며 갸우뚱하는 모습이 어쩐지 뜨뜻미지근한 반응이었습니다. 전문가로서 회의를 바라보는 시각과 그들이 속한 조직 관점이 달랐을 수 있습니다. 어쨌거나 그들은 그렇게 반기지 않았고, 그럼에도 불구하고 전문가의 의견이라 무시하기 어려웠는지 저의 아이디어는 '예선'을 통과하여 본선에 진출했습니다. 그러나 저의 아이디어는 결국 본선에서 고배를 마셔야 했습니다. 제가 참석자가 아니고 진행자였기 때문에 지속적으로 그 아이디어가 왜 필요한지 어필할 기회가 적었기 때문일 수도 있고, 아무래도 자신들이 내지 않은 아이디어에 큰 매력을 느끼지 못했을 수도 있습니다.

비슷한 일이 한 번 더 있었습니다. 최종 의사결정을 앞둔 상황에서 참석자들의 저의 의견을 간곡히 물었습니다. 물론, 제가 의견을 제시했다고 해서 그들이 최종적으로 제가 선호하는 아이디어를 선택할 필요는 없었지만 영향을 받았는지 투표 결과 Top 3 실행 목록에 제가 지지한 아이디어가 포함되었습니다! 그 후 어떻게 되었을까요?

퍼실리테이터가 워크숍 이후 실행단계까지 관여하지 않는 것이 보통이지만, 이 경우는 이례적으로 실행 결과 보고과정에 참관까지 하게 되었습니다. 제가 지지했던 아이디어는 가장 실행이 지지부진 했습니다. 퍼실리테이션 워크숍에서는 리더나 전문가의 답보다 참석자들의 답이 '정답'입니다. 결국 사람은 하고 싶은 일을 하고 싶을 때 하고 싶은 방식 대로 해야 가장 신나게 잘 할 수 있는 것 아닐까요? 참석자들이 실행하고 싶고 실행할 수 있는 대안을 창출하도록 중립을 지키는 것이 정말 중요하다는 점을 깨닫는 경험이었습니다. 그래서 저는 다시는 저의 의견을 이야기하지 않을 수 있게 되었습니다. 참석자들의 간곡한 요청에 속아 넘어가지(?) 않을 겁니다.

그런데 내가 속한 조직의 워크숍을 진행할 때는 여전히 현실적인 어려움이 있습니다. 나도 팀원의 한 사람 즉, 이해관계자 중 한 사람으로서 안건에 대한 '의견'이 있을 것이기 때문입니다. 참석자들의 자유로운 토의를 촉진하기 위해서는 퍼실리테이터가 의견을 내지 않아야 하는데, 한 사람 몫의 의견이 생략되면 그 만큼 아이디어의 다양성이 부족해질 것입니다. 의사결정을 할 때 한 사람의 관점이 생략되는 것이기도 합니다. 위에서 제시한 방법을 쓸 수도 있지만 어느 한 순간에 제한된 방법일 뿐입니다. 팀원의 한 사람으로서 워크숍을 진행할 때는 어느 한 순간만 참석자 입장을 요구받는 것이 아닙니다. 여러분이라면 어떻게 하시겠습니까?

일부 퍼실리테이터들은 이 점 때문에 퍼실리테이터의 중립성에 의문을 가지기도 합니다. 대부분의 퍼실리테이션 이론이나 교육과정이 '전문' 퍼실리테이터 입장에서 기술되고 구현되고 있다고 볼 수 있습니다. '직장 내' 퍼실리테이터에게는 도를 닦는 것과 같은 내적 갈등이 도사리고 있는 '중립'이라는 가치를 어떻게 해석해야할까요?

조직문화가 수평적이어서 직급과 상관없이 자유롭게 의사소통할 수 있는 조직이라면 퍼실리테이터가 자신의 의견을 내는 것이 큰 영향을 미치지 않을 것입니다. '참석자'의 페르소나와 '진행자'의 페르소나를 좀 더 자주 수시로 순간순간 번갈아 사용하는 것이 가능할 것입니다. 실제로 어떤 한 조직에서는 최고의사결정권자가 방금 말한 의견에 대해 신입 직원이 "센터장님 저는 다르게 생각합니다"라고 바로 반박하고 센터장도 편안하게 받아들이는 모습을 본 적이 있습니다.

그러나 대부분의 조직은 아무래도 회의 리더인 퍼실리테이터의 의견에 영향을 받게 될 것이므로, 조직 내 퍼실리테이터는 최상의 정답보다 구성원들의 참여와 실행이 우선인 사안인지, 아니면 최대한의 참여보다는 리더들이 생각하는 양질의 계획안을 선택하는 것이 우선인 사안인지 판단하여 퍼실리테이터의 참여 수준을 조정할 수 있을 것입니다. (이에 대해서는 Chapter 3. 보완 기법의 'Meta-decision'에 서 더 다룹니다.) 어느 정도로 수위를 조절하든, "퍼실리테이터의 발언 시간과 참석자들의 참여도는 반비례한다"는 점을 염두에 두시면 좋 겠습니다.

| 진행자의 발언량 | 참여도 |

그리고 더 중요한 것! 조직의 일원으로서 워크숍을 진행하며 의견 을 내야할 때, 사적인 이해관계보다 조직의 이익 관점에서 그리고 다

른 구성원들의 관점에서 의견을 낸다면 그것도 나름대로 '중립'을 지키는 방법이 아닐까요? 여러분의 판단에 맡기겠습니다.

퍼실리테이션의
필요와 효용

05

① 조직 거버넌스와 퍼실리테이션

리더의 4가지 페르소나 중 한 가지가 의사결정권자인 것처럼, 모든 의사결정을 구성원들 모두와 할 필요는 없습니다. 종종 현명한 리더의 빠르고 정확한 판단, 경험에 기반한 통찰력 있는 아이디어가 효과적일 수 있습니다. 반면여럿이 참여하는 토의와 의사결정 과정은 여러 사람의 시간과 노력이 동시에 투입되기 때문에 어쩌면 불편하고 느린 방법이기도 합니다. 그럼에도 불구하고 최근 퍼실리테이션이라는 '참여 촉진제'에 많은 사람들이 열광하는 이유는 무엇일까요? 어떨 때 즉, 어떠한 목적으로 퍼실리테이션을 활용하는 것이 좋을까요?

많은 사람들이 퍼실리테이션에 열광하는 이유는 우선, 더 이상 조직의 '기계 부품'이고 싶지 않기 때문일 것입니다. 또한 과거와 달리 조직이 구성원들에게 기대하는 바가 '주어진 일 열심히 잘'하는 것이 아니라 '생각하고 응용할 줄 아는' 것이기 때문일 것입니다. 이런 현상은 사실 인류 거버넌스(통치) 발달사 관점에서 보면 당연하기도 하고 거스를 수 없는 거대한 흐름이기도 합니다.

맥킨지에서 조직 및 전략 컨설턴트로 일했던 프레데릭 라루는 2016년 '조직의 재창조'라는 책으로 새로운 조직 경영 패러다임에 대해 설득력 있는 주장을 내 놓았습니다. 그에 의하면 인류는 아주 오래 전 '집단'을 형성하기 시작할 때 무리에서 가장 힘이 센 사람이 권력도 장악했던 통치 방식(적색 조직)으로 시작하여 덩치가 커진 조직을 효과적으로 다스리기 위해 계층과 계급을 나누어 통치한 방식(호박색 조직)으로 체계화한 후, 태생적으로 결정되는 계급을 넘어 개인적인 노력과 경쟁으로 목표를 달성하면 누구나 높은 사회적 지위를 쟁취할 수 있는 시대(오렌지색 조직)를 지나 보다 커진 개인의 자유, 이해관계자의 참여와 권한 위임 등이 성장의 동력이 되는 시대(녹색 조직)에 와 있다고 볼 수 있습니다. 여기서 그가 주목한 것은 녹색 조직에 머물지 않고 상당히 파격적으로 개개인이 자율성을 바탕으로 조직 행동의 '주체'가 되는 청록색 조직의 출현입니다.

가장 마지막 발달단계인 청록색 조직에 대한 이야기를 여기서 길게 하지는 않으려고 합니다. 강조하고 싶은 점은 통제와 지시가 통하던 시대를 지나 사람들은 참여와 권한위임, 나아가 자율경영에 대한 욕구를 가지게 되었고 그것이 인류 발달의 거대한 흐름이라는 점입니다. 여전히 정확한 예측이나 관리, 철저한 통제가 중요한 군대 등의 일부 조직은 호박색 조직의 가치가 효과적일 수 있고, 여전히 많은 기업들이 오렌지색 조직에 머물러 있기도 하지만, 사회 전반은 이미 녹색을 넘어 청록색으로 가고 있음은 부정하기 어려워 보입니다. 우리나라의 각 가정만 보더라도 이미 아이들은 평등한 가족의 일원으로 민주적으로 성장합니다.

독자 중 누군가는 기업의 대표이거나 상당한 지위에 있는 사람이고 매우 독재적인 리더십을 선호할 수 있습니다. 그런 이들에게 퍼실리테이션은 매우 불편한 방식일 수 있습니다. 그러나 구성원의 참여를 이끌어 내는 일은 리더의 권한을 빼앗아 구성원들에게 나누어 주는 일이 아니라 리더의 짐을 덜어주는 일이며, 구성원들에게 무턱대고 일을 하나 더 주는 것이 아니라 주도적으로 자신의 일을 풀어갈 수 있는 권한을 부여하는 것임을 이해해야 합니다. 이런 관점에서 퍼실리테이션 워크숍의 효용성에 대해 4가지 관점에서 보겠습니다.

❷ 퍼실리테이션 워크숍의 4가지 효용

모두의 참여가 필요한 퍼실리테이션, 어떤 경우에 효과적일까요?

첫째, 구성원들의 다양한 관점과 아이디어가 필요한 순간입니다. 누군가는 윤리적 소비자들의 행동패턴을 잘 알고 있고 누군가는 가장 대중적인 성공 요건을, 누군가는 재무관점의 유의 사항을 누군가는 해외 바이어의 욕구를 잘 알고 있을 것입니다. 영업사원이나 상담 직원은 고객들이 실제로 만족하고 있는지 아닌지 피부로 느끼고 있을 것이며 기술직은 실제로 구현 가능한 수준이 어느 정도인지 잘 알고 있을 것입니다.

하나의 제품 또는 정책은 여기에 얽힌 다양한 이용자나 이해관계자들의 반응에 대한 예측으로 만들어지기 마련이지만 그 예측을 누군가 특정인이 책상에서 하는 경우 시판 또는 집행 단계에서 예상치 못한 다양한 복병을 만나게 될 것입니다. 계획 단계부터 다양한 관계자들의 관점과 아이디어를 생생하게 듣는다면 시행착오를 줄일 뿐 아니라 다양한 아이디어를 얻을 수 있을 것입니다.

둘째, 창의적인 아이디어를 얻고자 할 때입니다. 브레인스토밍을 비롯하여 매우 다양한 아이디어 발산 기법들이 개발되어 있습니다. 〈창조력 사전, 다카하시 마코토〉에서 발산 기법을 크게 세 가지로 분류하였는데, 자유연상법, 강제연상법, 유추법으로 나누었습니다. 자유연상법이란 우리가 흔히 알고 있는 브레인스토밍(Brainstorming),

브레인라이팅(Brainwriting) 등 이미 머릿 속에 있는 아이디어를 잘 꺼내 놓을 수 있도록 편안한 분위기와 몇 가지 규칙을 제공하는 것으로 요약할 수 있습니다. 랜덤워드(Random word)나 체크리스트법, 다중조합법 등으로 대표되는 강제연상법은 자연스럽게 가지고 있는 생각을 꺼내 놓는 것에 비해 특정한 기제를 더 하여 새로운 아이디어를 창출하는 방법입니다. 유추법은 다른 사물이나 자연물 등에서 힌트를 얻어 고민 중인 안건에 적용하는 방식인데, 오징어나 문어 다리의 빨판에서 힌트를 얻어 흡착 제품을 만드는 식입니다.

발상을 촉진하는 다양한 기법들은 오랫동안 고민하고 있었지만 딱히 답을 얻지 못했던 안건에 묘안을 만들어줄 수 있습니다. 게다가 여러 사람이 함께 고민한다면 정말 생각지도 못했던 아이디어로 무릎을 탁, 이마를 탁, 치게 될지 모릅니다.

셋째, 전문가나 오랜 경험자의 탁월한 정답보다 그 일을 실제 수행할 구성원들의 '실행력'이 중요할 때입니다. 이 때는 해당하는 관련자들이 모여 처음부터 논의함으로써 사안의 맥락을 이해하고 최선을 다해 실행할 수 있는 방법을 스스로 찾도록 하는 것이 효과적일 것입니다. 예를 들어, 1안부터 5안까지 다양한 아이디어의 장, 단점을 토의한 끝에 아쉬운 점이 있지만 그래도 3안이 현재로서는 최선이라는 점을 구성원들이 함께 결정하였습니다. 이 과정에서 3안이 최선인 이유가 '고객의 니즈'를 가장 크게 반영된 안이기 때문이고 우리 조직은 고객의 니즈를 최우선으로 한다는 점을 구성원들이 잘 이해하게 되었다면 실행 과정에서 돌발 상황이 발생하더라도 '생각'하며 적절하게 대응할 수 있을 것입니다.

왜 이렇게 해야 하는지 모르지만 지시받았기 때문에 해야하는 일과 스스로 필요하다고 판단한 일이 있다면 어떤 일에 능동적인 대응이 가능할지를 생각해보면 당연한 이야기이기도 합니다.

마지막으로 퍼실리테이션의 효용과 필요는 바로 '소통'과 '협업'의 도구라는 점에 있습니다. 크고 작은 조직, 민간과 공공 조직을 막론하고 최근 거의 모든 조직의 공통된 숙제는 아마도 소통과 협업이 아닐까 합니다. 그 어느 때보다 소통과 협업이 절실하게 필요한 시대가 되었습니다. 〈협업의 시대, 테아 싱어 스피치〉에 따르면 전세계 기업의 가장 핵심적인 고민은 '협업'입니다. 혼자 힘으로 이뤄진 '위대한 일'은 없기 때문입니다. 이 책에 따르면, 실리콘밸리에는 전 세계 가장 뛰어난 인재들이 한데 모여 있는 만큼 개성 있는 천재들이 혼자서 자유롭게 일하거나, 혹은 독불장군식 업무 스타일이 횡행하리라고 생각하기 쉽지만, 오히려 협업이 훨씬 일반적이며 대부분 그 필요성을 조직 전체가 공유하고 있습니다. 각 개인의 전문성은 나날이 높아져 역대 최고 수준이지만, 그런 능력을 하나로 엮어 유의미한 결과물을 만들어내는 것은 결국 협업이기 때문입니다. 그런데 우리는 대부분 기업에 고용되기 전, 전문지식을 습득하고 관련 기술을 배울 뿐

타인과 일하는 방법은 배우지 않습니다. 조직의 구성원인 우리는 그 동안 익힌 역량을 어떻게든 해당 업무에 적용해보기 위해 고군분투 하지만 여러 이해관계가 얽혀 있기 마련인 복잡한 일에 혼자서 어찌 하기는 어렵습니다.

이처럼 소통과 협업이 중요하다는 것은 두 말 하면 잔소리가 되었 지만 '어떻게 할 것인가'에 대한 해답이 부족한 실정입니다. 퍼실리테 이션이 '그룹 의사소통'과 '참여'를 촉진하는 일인 만큼 이제는 사내 퍼실리테이터로 선정되었거나 특별히 관심을 가지는 소수의 사람들 뿐 아니라 모두가 관심을 가지고 활용해야하는 이론이자 기법입니다.

자율경영 조직개발에 관한 최신 이론 소시오크라시(Sociocracy) 방법론을 정립한 네덜란드의 헤라르드 엔덴뷔르흐(엔덴뷔르흐 일렉트 로닉스 전 CEO)는 소통과 협업이 중요한 현대 사회에 대부분의 기업 들이 '직무교육' 외에 커뮤니케이션이나 조직 심리 같은 교육을 거의 하지 않는 점을 문제로 지적하였습니다.

혹시 컴퓨터를 잘 다루시나요? 아마 컴퓨터를 이용한 문서작업, 정보 검색 등은 대부분 직장인들의 기본 역량일 것입니다. 이 복잡한 기계를 이 정도 다루기까지 얼마나 많은 시간을 컴퓨터와 씨름했을 까요? 컴퓨터를 통한 문서 작성, 정보 교환은 굉장히 중요한 소통 활 동이기도 합니다. 단, 일방적인 측면이 있지요. 내가 전달하고 싶은 정보를 문서라는 형태로 완결적으로 정리하여 전달하는 방식입니다.

기계론적 조직운영의 시대에는 문서 소통만으로도 충분했을지 모르지만, 다자 간 복잡한 의사소통을 동시 다발적으로 해내야 하는 시대를 맞이한 우리는 이제 소통과 협업에 대한 구체적인 기술을 공들여 익혀야 하고, 그 강력한 기술 중 하나가 퍼실리테이션이라고 말할 수 있겠습니다.

많은 학습자들이 퍼실리테이션 교육을 받은 후 이렇게 이야기합니다.

"저희 팀장님이 이 교육받으시면 좋겠어요!"

그런데 팀장급 교육을 마치고 나면 "저의 본부장님들 교육이 필요합니다"라고 말합니다. 심지어 본부장 이상 교육을 하고 나면 "저희 대표님도 좀…"이라는 반응을 보입니다. 직장의 필수 교육이 직무교육에 그치지 않고 소통의 기술로 확장되어야 합니다. 누구나 컴퓨터를 이용한 문서 소통에 능통해졌듯이, 누구나 그룹 의사소통에 능통해져야 합니다.

퍼실리테이터의 자질은 무엇일까요?
어떤 직급이나 자격을 가진 사람이 해야 할까요?

어떤 직급 정도가 퍼실리테이터로 적합하냐는 질문을 가끔 받습니다. 직급으로 이야기하기 어려운 면이 있습니다. 어떤 회사에서는 '대리급인 제가 어떻게 회의를 진행하나요?' 라고 반문하기도 하고, 어떤 회사에서는 주임, 대리급 직원들에게도 회의 리더십을 인정하고 존중하기도 합니다. 상사인 팀장이 주임인 본인에게 회의 리더 권한을 위임하여 자리를 비켜주었다는 얘기도 들었습니다. 위계가 있더라도 직급이 낮아도 퍼실리테이션을 잘 할 사람에게 권한을 위임해주는 것이 더 중요할 수도 있겠습니다.

사내 회의/워크숍을 진행할 때 한국퍼실리테이터협회(www.facilitator.or.kr)의 CF 이상의 인증을 취득한다면 아무래도 신뢰감을 줄 수 있겠습니다. CF 심사가 '24시간 인증교육 수료＋서류심사(워크숍 수행 사례)＋심사위원 인터뷰'로 이루어지는 만큼, 퍼실리테이션에 대한 지식과 경험이 있음을 인정받은 것이기 때문입니다. 그러나 자격증 보다 더 확실한 자격은 주변의 평판입니다.

교육 수료생 중에서는 퍼실리테이션 개념이 익숙하지 않은 사내 문화를 고려해서, '퍼실리테이션 회의를 합시다'라고 거창하게 말하기 보다, '좋은 회의를 합시다' 관점으로 접근하는 경우도 있습니다. 직접 진행하는 회의에서 퍼실리테이션 기법을 하나씩 적용해 볼 수 있을 것이고, 본인이 진행하는 회의가 아닌 경우, '모범적인 참석자'가 되어 진행을 간접적으로 도울 수도 있습니다. 중요한 워크숍의 설계가 고민되는 경우 적극적으로 전문가를 찾아 상담을 받기도 합니다. 이러한 시도를 한 분들 중에는 어느새 소문이 나서, 옆 팀에서 회의나 워크숍을 준비할 때 상의하러 오기도 합니다. 이처럼 직책과 역할에 상관없이 퍼실리테이터의 자격과 권위를 스스로 만드는 경우가 꽤 많습니다.

#. 또다른 시작을 위한 첫번째 성찰

1 지금까지 경험한 여러분의 회의/워크숍의 문제점은 무엇인가요?

2 이번 Chapter에서 느낀 점과 새롭게 배운 점은 무엇인가요?

권위있는 퍼실리테이터 인그리드 벤즈(Ingrid Bens)는 퍼실리테이터의 성장을 3단계로 설명한 바 있습니다. 그 내용을 요약하면 이렇습니다.

1단계 : 초심자 (Beginner)

소속 팀/부서의 일상 회의를 수행할 수 있음

• 상급자로부터 퍼실리테이션을 수행할 것을 지시/통보 받음

• 기본적인 퍼실리테이션 이론과 기술을 활용할 수 있음

• 익숙한 참석자, 익숙한 내용을 다루므로 효과적인 질문 구사가 가능

• 맥락을 짚어가며 논의가 주제를 벗어나지 않도록 관리할 수 있음

누군가 퍼실리테이션 기법을 학습하고 속한 조직 내에서 퍼실리테이터의 역할을 자임할 수 있을 것입니다. 스스로 관심을 가지고 학습하고 자신이 운영하는 회의에 적용해보면서 자연스럽게 동료들로부터 '뭔가 다르다'는 평을 듣는 순간이 올 것이고, 그 것이 바로 조직 내 퍼실리테이터가 되었다는 뜻입니다. 어디 가서 꼭 인증을 받아야 퍼실리테이터가 되는 것은 아닙니다.

이러한 조직 내 퍼실리테이터는 이미 자신의 조직이 다루는 일의 내용과 방식을 잘 알고 있기 때문에 약간의 회의 스킬과 진행 역량을 갖추면 될 것인데, 이것이 퍼실리테이터의 성장 1단계입니다.

2단계 : 중급자 (Advanced)

조직 내외의 특정 주제 워크숍을 수행할 수 있음

- 타 부서/타 조직으로부터 워크숍 퍼실리테이션을 요청 받음
- 문제해결, 계획 수립, 팀빌딩 등의 워크숍을 수행할 기회를 얻게 됨
- 낯선 정보를 수집하고 다양한 퍼실리테이션 스킬을 구사함
- 복잡한 대화, 까다로운 상황에 대처할 수 있는 역량이 요구됨

만약 그가 조직 내에서 경험이 쌓이고 어느 팀 아무개가 회의 진행을 잘 하더라는 소문의 당사자가 된다면 다른 팀에서, 또는 잘 알고 지내는 지인으로부터 회의 진행을 요청받는 일이 생길 수도 있습니다. 그러면, 이제 낯선 주제에 대해 낯선 사람들을 대상으로 퍼실리테이션을 해야하므로 더 많은 지식과 더 높은 역량이 요구됩니다. 이 단계가 퍼실리테이터 성장 두 번째 단계라고 할 수 있습니다.

이 책에서 제시한 이론과 기술을 습득한다면 2단계까지 성장하는 데 충분한 지식을 갖추는 셈입니다. 문자로 기술된 지식보다 현장의 암묵지가 더 중요한 모든 분야가 그러하듯이, 책으로만 익히는 데는 한계가 있으므로 한국퍼실리테이터협회(www.facilitator.or.kr)에서 인증한 퍼실리테이터 양성 기본과정을 이수한다면 2단계까지의 성장이 무난할 것입니다.

3단계 : 전문가 (Professional)

어떤 주제든 접근 가능한 조직 개발 컨설턴트

- 조직의 발달에 계획적으로 개입할 수 있음
- 확고한 철학과 조직 개발에 대한 이해를 바탕으로 활동함
- 폭넓은 자료 수집/분석, 복잡한 토의를 다룰 수 있는 역량이 요구됨
- 고객의 요구를 분석하고 상호 작용을 효과적으로 이끌어갈 수 있음

외부 조직에 대해 퍼실리테이션 할 기회를 많이 가지고 훈련이 된다면 직업 퍼실리테이터가 되는 것에 관심이 생길 수도 있습니다. 직업 퍼실리테이터가 되는 것을 성장의 3단계라고 해보겠습니다. 직업 퍼실리테이터가 된다는 것은 수임료를 받고 상응하는 성과를 창출해야 한다는 말입니다. 고객은 당연히 '전문가'라고 불리는 당신에게 자신들의 요구사항을 앞뒤 없이 늘어 놓을 것이고, 기대치도 상당할 것입니다.

회의 진행 중에 퍼실리테이터는 참석자들에게 지식을 가르치거나 특정한 해답을 제시하지 않지만, 그 회의를 기획하는 단계에서는 고객에게 '이번 워크숍을 어떻게 접근해야 하는지' 특정한 해답을 제시할 수 있어야 합니다. 즉, '워크숍'에 대한 컨설팅을 할 수 있어야 한다는 말입니다.

어떤 분야에 대해 컨설팅을 하려면 그 분야에 정통해야 합니다. 경험

이 충분해야 하지요. 끊임없이 공부도 해야합니다. 따라서 1단계와 2단계는 큰 차이 없이 성장할 수 있지만 3단계는 완전히 다른 이야기가 됩니다. 이제, 어떤 조직 어떤 주제 어떤 참석자에 대해서도 다룰 수 있어야 하며 이 과정은 '조직개발'에 직간접적으로 관여하게 된다는 말이기도 합니다. 전과는 다른 폭넓은 역량이 필요합니다.

여러분이 현재 어느 단계에 있고, 어떻게 해야하는지 힌트가 되었나요? 목표수준에 따라 차근차근 도전해보시기 바랍니다.

퍼실리테이션의 현장: 워크숍? 회의?

'워크숍'의 의미가 무엇인지 살펴보고자 합니다. 워크숍도 회의의 범주 안에 들어가는데 무심코 '회의'라고 칭할 때와 '워크숍'이라고 칭할 때 떠오르는 이미지가 다르고 혼란스러운 면이 있습니다. '워크숍 합시다!'라는 말을 들으면 어떤 생각이 드나요?

요즘은 워크숍을 워크숍 답게 운영하는 회사가 늘고 있지만, 여전히 많은 곳에서는 '워크숍'하면 어딘가 경치 좋은 곳으로 '갑니다'. 이러한 워크숍의 주요 프로그램은, 큰 방에 모여 경영진의 이야기를 듣거나 부서 별 사업 현황을 공유하는 등의 과정이 지나면 저녁에는 식사와 음주, 그리고 다음 날 주변 관광지를 구경하거나 운동을 하고 헤어지는 것이었습니다.

퍼실리테이션을 학습하고 있는 우리들은 워크숍이라는 말을 어떻게 이해하면 적절할까요?

'워크숍'은 영어로 'Work'+'shop'으로 구성되어 있습니다. 영어사전에서 workshop을 찾아보면 '작업장'이라고 나올 것입니다. 말 그대로 '일(work)을 하는 장소, 상점(shop)'입니다. 산업화 시대, 큰 공장들이 생기고 작업장에서는 작업 조 별로 일하며 서로 의논하여 생산 공정이나 재료의 사용 등을 개선하는 일들이 생기기 마련이고 성공적인 시도는 옆 작업조에 전파되었을 것입니다. 이러한 방식이 사무나 학술 분야에도 자연스럽게 적용되었는데요, 이에 비추어보면 워크숍이란, '소그룹으로 나누어 의논하여 만들어 낸 결론 또는 지식을 전체 구성원들과 공유하는 과정'이라고 할 수 있습니다.

소그룹으로 나눌 필요 없이 6명 내외의 작은 그룹이라 해도 각자의 견해와 지식을 공유하고 전체의 결론과 지식으로 넓혀 나가는 과정이라면 워크숍이라고 할 수 있습니다. 인원이 많거나 시간을 길게 잡은 것만 워크숍은 아닌 것입니다. 위의 내용을 종합해서 '워크숍'을 간단하게 정의해본다면 '모두가 참여하는 회의'가 될 것입니다.

워크숍과 가장 관련 높은 다른 용어는 컨퍼런스와 컨벤션일 것입니다. 둘 다 우리 말로 '회담', '회의' 정도로 번역됩니다. 이 밖에 비슷하게 느껴지는 용어로 세미나, 포럼 등도 있습니다. 이 둘은 주로 교육이나 학술 분야에서 더 많이 쓰입니다. 세미나가 한 주제에 대해 구성원 각자가 미리 조사, 연구한 내용을 공유하면서 학습에 참여하는 방식이라고 한다면 포럼은 두어 명의 전문가가 발표하고 청중이 질문하면서 정보를 공유하는 과정이라고 할 수 있습니다.

국제퍼실리테이터협회(International Associate of Facilitators, IAF)는 매년 몇 차례의 국제 컨퍼런스를 개최합니다.

한국퍼실리테이터협회(Korea Facilitators Association, KFA)도 매년 비슷한 형식으로 컨퍼런스를 개최하고 있는데, 경력이 많은 선배 퍼실리테이터들의 깊은 통찰과 다양한 퍼실리테이터들의 다양한 접근법을 만날 수 있는 기회가 됩니다. 이 컨퍼런스에서 각 연사들의 세션은 거의 대부분 '워크숍' 방식으로 이루어집니다. 모두가 참여해서 즐겁게 이야기 나누고 놀다 보면 학습이 이루어집니다.

학습 퍼실리테이션의 관점에서 일방적 전달식 강의와 구분하여 '모두가 참여하는 학습' 또는 '학습자 주도로 이루어지는 교육'도 워크숍이라고 부릅니다. 종합적으로 '워크숍'은 '모두가 참여하는 회의/학습'이라는 점을 머리에 잘 새겨 두시면 되겠습니다.

여러분의 회의는 어떤 모습인가요?

　누군가는 일방적으로 지시/전달하는 모임은 회의가 아니고 '의견을 교류'해야 회의라고 말하기도 합니다. 너무나 많은 회의가 의견 교류 없이 일방적으로 진행되는 것에 대한 경계심의 표현이 아닐까 합니다. '회의(會議)'의 뜻을 보면 '뜻을 모으는 일 또는 그런 모임' 정도로 풀이됩니다. 조직 차원에서 결정된 사항이나 리더의 의사결정 사항, 단순 전달 사항이 있을 때도 모여야 상세한 설명과 함께 전달할 수 있으므로 회의의 형식을 띠게 됩니다. 이런 경우 '정보전달회의'로 구분하기도 합니다. 넓게 보면 각 실무자들이 업무 진척 현황을 보고하거나 다른 구성원들과 공유하는 것도 포함되므로, '정보공유회의'라고 부르는 경우도 많습니다.

　정보공유에 그치지 않고 토의와 토론이 수반되는 경우 '의견 청취'까지만 하느냐, '의사결정'도 하느냐에 따라 후자를 '의사결정회의'라고 구분지어 칭하는 경우도 많이 있습니다. 구분하는 방법은 조직의 업무 특성과 상황에 따라 달라질 것이기 때문에 세분할수록 누군가에게는 잘 맞지 않는 틀이 될 수 있습니다.

수평적 문화와 효과적 업무 추진을 동시에 추구하는 조직개발 이론 소시오크라시(Sociocracy)에서는 회의를 크게 '정책 회의'와 '운영 회의'로 구분하며 이 방법은 어느 조직에나 잘 맞습니다.

정책회의는 일하는 방식과 조직 운영의 원리 등 바탕이 되고 장기적인 방침을 정할 때 모든 이해당사자가 참여하여 의사 결정하는 회의입니다. 이는 수평적이고 참여적인 문화를 촉진합니다. '운영 회의'는 정책 회의에서 정한 방침에 따라 일상적으로 업무를 추진할 때 결정권이 있는 리더나 담당자가 주도적으로 진행하는 회의 입니다. 이는 의사 결정 속도 증가 등 업무 효율성을 높입니다. 운영회의는 단순한 업무 공유로 끝날 수도 있고 담당자가 고민하는 사항에 대해 동료들이 조언하거나 리더가 의사 결정하여 수행을 지시할 수도 있습니다.

이 책에서는 주로 '워크숍'이라는 단어를 썼지만, 직장에서 일상적으로 이루어지는 회의를 지칭하는 면이 클 때나 워크숍을 포함하여 광범위한 의미를 말하고자 할 때 '회의'라고 지칭하였습니다. 해외 높은 경력의 퍼실리테이터들의 책을 보아도 'meeting'과 'workshop'을 함께 사용하는 것을 볼 수 있습니다. 퍼실리테이션은 조직 내 다양한 회의가 워크숍(Workshop)의 면모를 갖출 수 있도록 하는 이론이자 기술이라고 볼 수 있습니다. 많은 직장의 회의가 '참석자들이 진정으로 참여하는' 장이 되기 바랍니다.

2

CHAPTER

퍼실리테이션
프로세스와 기법

"효과적으로 아이디어를 모으고 모두의
합의를 이끌어 내는 방법은 무엇일까?"

성장 질문 02

회사에서 도입을 고려중인 자율근무제, K의 팀이 파일럿 대상이 되어 몇 주 정도 실행이 되었습니다.

출퇴근 시간에 상관없이 근무시간을 충족하면 되니 개인의 자율성은 보장되지만,

근무시간이 달라 업무 협업에 어려움도 있네요. 이를 해결하기 위한 아이디어 회의를 열기로 했고,

K가 진행을 맡았습니다. 몇몇 팀원들이 의견을 냈고, 이 중 K팀이 우선 실행할 1가지를

정하게 되었습니다. 점심 식사 고르던 방식대로 다수결로 정했습니다. 그런데 팀원들의 표정이

썩 좋지만은 않네요. K의 워크숍 진행에 어떤 문제가 있었을까요?

K팀을 도울 수 있는 방법들을 알아보겠습니다.

워크숍 퍼실리테이션의
기본 프로세스

01

❶ 하나의 워크숍이 열리기까지

퍼실리테이션의 프로세스를 가장 단순하게 설명한다면 "워크숍 준비＋진행"일 것입니다. 때로 워크숍 종료 후 "사후 관리"까지 프로세스로 보는 경우가 있으나, 일반적으로 워크숍을 통해 결정된 사항의 이행은 참석자들의 몫이 됩니다. 조직 내 퍼실리테이터라면 이행까지 관여하는 것이 자연스러울 수 있고, 전문 퍼실리테이터로서 어떤 조직의 워크숍을 진행했다면 이행 단계에 관여하더라도 이행 자체보다는 참석자들이 잘 이행하는 데 필요한 도움을 주는 정도가 될 것입니다. 그러나 워크숍을 '준비'하고 '진행'하는 것은 명백하게 퍼실리테이터의 주된 업무입니다.

프로세스 설계	현장 준비	오프닝 돌입의 기반 만들기	본 토의	클로징 실행의 기반 만들기

• 3P 분석
• 정보 수집
• 상세 과정
  설계
	• 정보/자료
	  배치
	• 토의 도구
	  배치
	• 기자재
	  점검 등
		• 3P 안내
		• 아이스
		  브레이킹
		• 기대사항
		  점검
		• 참여규칙
		  설정
			• 브레인
			  스토밍
			• 분류&분석
			• 의사결정
				• 토의 과정
				  회고
				• 결정사항
				  요약
				• 이후 조치
				  안내
				• 소감 청취

사전 준비 ←——————→ 현장 진행

워크숍 준비 단계는 다시 "프로세스 설계 〉 현장 준비"라는 두 단계로 나누어지며, 진행 단계는 "오프닝 〉 본 토의 〉 클로징"으로 나누어 볼 수 있습니다.

① 프로세스 설계 단계

 퍼실리테이터는 워크숍의 취지와 목적(Why, Purpose)을 파악하고 다루고자 하는 핵심 안건과 목표 산출물(What, Product)을 정의하며, 이 토의에 반드시 필요한 참석자 (Who, Participant)가 누구인지 알아야 합니다. 이에 대해서는 "Chapter 6 퍼실리테이션 설계와 실행" 중 "3P 분석"에서 더 자세히 다룹니다.

워크숍에 소요되는 자료 및 도구를 준비하고 회의실에 비치 또는 배치하는 일, 참석자 자리 배치, 기자재(빔 프로젝터, 마이크, 스피커 등) 작동 점검 등 워크숍을 시작할 수 있는 모든 준비를 의미합니다. 워크숍의 시간이나 참석자 규모에 따라 사전 준비 시간은 짧게는 1시간에서 수 시간까지 길어질 수 있습니다. 중요한 것은, 시작 시간 15~25분 전까지는 모든 준비를 마치고 일찍 도착한 참석자들을 여유있게 맞이하며 '준비' 단계에서 '진행' 단계로 안정적으로 어수선하지 않게 전이해야 한다는 점입니다. 그 외 워크숍 장소 특성 파악 관련해서는 Chapter 6 퍼실리테이션 설계와 실행 중 Place(장소)를 참고하시면 좋겠습니다.

③ 오프닝

단순히 서로 인사하는 시간이 아니라 '몰입을 준비하는 시간'입니다. 이를 위한 오프닝 활동으로는 워크숍의 취지와 목표 이해하기, 참석자들이 기대사항과 준비된 프로세스가 다르다면 다룰 것과 다루지 않을 것을 명확히 알리고 준비된 안건에 집중할 수 있도록 돕는 일, 참석자 간 서먹서먹함을 없애는 아이스브레이킹, 효과적인 논의를 위해 모두가 지켜야할 규칙을 정하는 일 등이 있습니다. (Chapter 6 퍼실리테이션 설계와 실행 중 오프닝 설계 참고)

④ 본 토의

 본 토의는 문제 해결, 비전 수립이나 내재화, 미래 전략 및 사업계획 수립 등 안건에 따라 매우 다양한 프로세스로 진행될 것입니다. 고질적인 조직의 문제를 해결하는 과정과 조직의 비전을 수립하는 과정, 최적의 사업 전략을 수립하는 과정이 같을 수는 없습니다. 그러나 한 편으로 공통점도 있습니다. 문제 해결 아이디어, 비전문에 대한 아이디어, 미래 전략에 대한 아이디어, 사업 수행 방향이나 방법에 대한 '아이디어를 낸다'는 면에서 안건은 달라도 '아이디어 도출 워크숍'이라는 점입니다. '남북 통일에 대한 찬반 토론', '재택 근무에 대한 찬반 토론' 등의 찬반 토론과는 구분이 됩니다. 그리고 다양한 아이디어들을 발산하고 이 중 참석자들이 생각하는 최선의 대안으로 결론을 낸다는 면에서 '합의 도출' 과정으로 볼 수 있습니다.

⑤ 클로징

 단순히 '수고하셨다'는 인사를 나누는 시간이 아니라, '실행을 준비하는 시간'입니다. 워크숍 전 과정과 결정 사항을 회고하고, 실천 계획(Action plan, 누가 무엇을 언제까지 할 것인지에 대한 구체적인 계획)이 잘 수립되었는지, 사후에 어떤 조치가 더 필요한지를 점검하는 단계입니다. 워크숍에서 좋았던 점과 아쉬웠던 점 등 참석자들의 참여 소감(Feedback)을 청취함으로써 개선할 점을 파악함과 동시에 참석자들이 못 다한 말을 마음에 담고 가지 않도록 감정적 마무리를 돕는 단계이기도 합니다. (Chapter 6 퍼실리테이션 설계와 실행 중 클로징 설계 참고)

② 발산과 수렴, 다이아몬드를 쪼개라!

전체 과정에서 '본토의'의 일반적인 프로세스는 아이디어 도출 및 합의 도출 과정이라는 관점에서 거론됩니다. 흔히 퍼실리테이터들은 이 과정을 넓게 확산하는 두 개의 화살표와 좁혀가는 두 개의 화살표를 이용하여 마름모 모양으로 설명하며 종종 '다이아몬드'라는 애칭으로 부르기도 합니다.

'Facilitator's Guide to Participatory Decision-Making'이라는 원제로 국내에 소개된 《민주적 결정 방법론》*에서는 '참여적 의사결정의 다이아몬드'를 소개하고 있습니다. 발산에서 수렴으로 넘어가는 과정에서 복잡한 검토, 갑론을박이 일어날 수 있기 때문에 그 사이를 '으르렁지대(Grown Zone)'으로 설명하기도 합니다. 이 책의 세 번째 챕터, "Chapter 3. 보완기법"은 이 으르렁지대를 어떻게 다룰 것인지에 대한 힌트를 제공할 것입니다. 우선, 발산과 수렴의 기본 다이아몬드부터 이해해 보겠습니다.

* 샘 케이너 외 4인, 구기욱·박연수 번역, 《민주적 결정 방법론》, 2017.06.23, 쿠퍼북스.

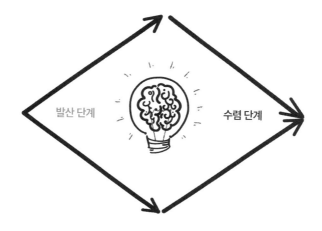

발산 단계   수렴 단계

직관적으로 당연해 보이는 다이아몬드 과정이 왜 중요한지 실제 회의 상황과 비교해 보면 알 수 있습니다. 예를 들어 〈4분기 실적 개선 방안 도출〉을 위한 회의가 열렸다고 생각하겠습니다. 다양한 아이디어가 충분히 나오기 전에 누군가 "~~~게 하면 어때요?"라고 말하자, 팀장이 "그거 좋다!"며 성급하게 결론을 내립니다. 그림에서 ①번이 이에 해당합니다. 어떤 경우는 지속적으로 의견을 내고 토의하지만 제 때 결론을 내리지 못하기도 합니다. ②번이 그런 경우를 표현한 것입니다. ③번은 이른바 '답정너' 회의입니다. "다들 편히 얘기해 봅시다"라고 했지만, 주로 한 사람이 계속 얘기하다가 "이렇게 하는게 좋겠죠?"라고 결론 내는 상황이라고 볼 수 있습니다.

이제 발산과 수렴의 다이아몬드가 무엇을 의미하는지 확실히 이해하셨을 것입니다. 그렇다면, 바람직한 발산과 수렴과정을 이끌어가기 위해서는 어떻게 해야할까요?

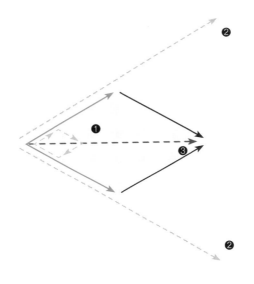

'다이아몬드를 쪼개'야 합니다. 즉 발산과 수렴 과정을 명확히 구분하는 것이지요. 발산할 때는 충분히 발산만 하고, 그 뒤 수렴하는 단계를 갖자는 것입니다.

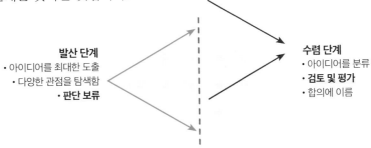

발산단계에서는 최대한 많은 관점과 아이디어를 방출하는 과정입니다. 이때는 좋고 나쁘다는 식의 판단을 보류하는 것이 중요합니다. 발산 단계에서 누군가 의견을 제안했을 때, "그건 돈이 많이 들 것 같은데?", "작년에 해본 거 잖아" 등의 비판을 하거나 제안된 아이디어를 어떻게 하면 잘 할 수 있는지 논의하는 등의 판단은 보류해야 합니다. 퍼실리테이터는 그런 이른 판단을 막아주고 구성원의 의견이 충분히 발산되도록 해야 합니다. 그러나 수렴단계에서는 발산된 아이디어를 분류하거나 적절한 기준에 따라 분석, 평가하며 필요한 아이디어를 선택하게 됩니다. 이 두 과정은 목표와 방식이 다르고 철저하게 구분되어야 합니다. 발산 단계에서는 선입견 없이 열정적인 발상을, 수렴 단계에서는 냉철한 평가와 선택을 해야 합니다.

❸ 4단계 프로세스, 초심자에게는 레시피가 필요합니다.

위 발산과 수렴 과정을 좀 더 구체화해본다면, 몇 단계로 설명하든, ICA(Institute of Cultural Affair / 지속가능한 변화를 위한 개인, 지역사회, 조직의 권한위임에 관한 국제 NGO / ICA Korea는 ORP연구소에서 운영하고 있음)에서 정리한 합의 도출 워크숍의 4단계 프로세스를 기반으로 한다는 점에는 대체로 이견이 없습니다.

ICA 활동의 출발은 1950년대로 거슬러 올라갑니다. 저개발 지역의 건강한 개발을 위한 다양한 활동을 하되 지역 주민의 참여를 기반으로 활동해왔기 때문에 '참여의 기술'을 많이 발전시키기도 했습니다. 1980년대를 지나며 조직심리 및 산업심리 분야의 이론이 발달했고, 인간 행동 및 조직행동의 원리를 바탕으로 하는 퍼실리테이션도 점차 전문분야의 모습을 갖추게 되었습니다.

1990년대로 넘어오면서 ICA가 보유한 참여의 기술을 이론적으로 정리해서 세상에 전파해달라는 요구가 컸다고 합니다 (Bill Staples). 1994년 ICA의 일부 구성원들이 국제퍼실리테이터협회(IAF, International Association of Facilitators)를 설립하였으며, 이 즈음 ICA가 보유한 퍼실리테이션 이론을 크게 두 가지로 정리하여 세상에 선 보였습니다. 그 두 가지는 합의 도출 워크숍 기법(Consensus workshop method, 자세한 내용은 번역서 "컨센서스 워크숍 퍼실리테이션" 참고)과 집중 대화 기법(Focused conversation method, 자세한 내용은

"The Art of Focused Conversation", Brian Stanfield 참고)으로 알려져 있습니다. 그리고 이 두 방법론에는 ToP라는 머리말이 따라다니는데, "Technology of Participation"의 약자로, ICA가 개발한 참여 기법임을 알리는 문구입니다. 대부분의 전문 퍼실리테이터들은 이 두 가지 기법을 많이 활용하고 있습니다만, 두 가지 방법론을 정식으로 교육할 수 있는 권한은 한국의 경우 ICA Korea 지부를 담당하고 있는 ORP연구소에서 가지고 있습니다. 이에 관한 전 과정을 학습하기를 원한다면 수강해보기를 권합니다.

ICA의 합의도출 워크숍 프로세스는 "브레인스토밍(Brainstorming) 〉 분류(Grouping) 〉 제목 정하기(Naming) 〉 해결안 찾기(Resolution)"로 나뉩니다. '브레인스토밍' 단계에서는 최대한 많은 아이디어를 '발산'해보고, 한 눈에 다 들어오지 않는 아이디어들을 비슷한 내용의 아이디어들로 '분류'한 후, 각 그룹의 아이디어들의 핵심적인 특징을 분석하여 누가 보아도 정확하게 이해할 수 있는 문구로 '제목'을 적고 나면, 이 중에 우리에게 필요한 항목들을 선택하거나 구체적인 해결방안으로 발전시키는 것으로 토의를 마무리할 수 있습니다.

이와 같이 4단계 프로세스를 하나씩 진행해보면 어느새 참석자 모두가 의견을 개진하고 의사결정에 효과적으로 참여하여 결론을 도출하게 됨을 느끼게 됩니다. 처음에는 단계별로 의식하며 진행하려니 자연스럽지 않을 수 있습니다. 그런데 요리를 처음할 때 생각해보세요. 김치찌개를 처음 만들게 되었을 때 레시피를 검색하고 한단계 한단계 따라하며 만듭니다. 서투르고 시간도 걸리지만 따라하다보니 어느새 그럴 듯한 요리가 완성되었지요. 그리고 익숙해지면 레시피는 안 봐도 됩니다. 오히려 여러 재료와 양념을 넣은 자신만의 요리가 완성되기도 하지요. 이 4단계 프로세스도 그렇습니다. 처음에 우리 팀 회의에 적용하는게 어색할 수 있지만, 계속 하다보면 여러분 회의에 맞게 응용할 정도로 능숙해질 것입니다.

정리해보면, 어떤 워크숍이든 전체 과정은 "설계 〉 준비 〉 오프닝 〉 토의 〉 클로징"이라는 다섯 단계를 거치게 됩니다. 본 토의 과정은 안건에 따라 매우 다양한 프로세스를 적용하지만 '아이디어 도출 및 합의안 도출'이라는 관점에서 많은 경우 ICA의 컨센서스 워크숍 기법에 근거합니다. 저는 ICA의 권위있는 4단계 프로세스를 되도록 변형하지 않는 것이 가장 좋은 방법이라고 생각하여 '브레인스토밍 〉 분류 〉 제목 정하기 〉 의사결정' 정도로 알려드리고 있습니다. 그러나, 누군가 언제든 퍼실리테이션 프로세스를 다양한 방법으로 설명한다고 해서 틀린 것이 아니며, 꼭 그 프로세스에 얽매일 필요도 없음을 말씀드리고자 합니다.

워크숍 4단계 프로세스

Brainstorming
(아이디어 발산)

- Brainstorming
- Brainwriting
- Wandering Flip Chart
- 3-3-3 기법 등

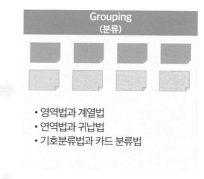

Grouping
(분류)

- 영역법과 계열법
- 연역법과 귀납법
- 기호분류법과 카드 분류법

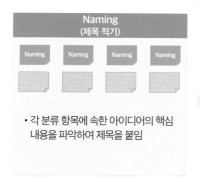

Naming
(제목 적기)

- 각 분류 항목에 속한 아이디어의 핵심 내용을 파악하여 제목을 붙임

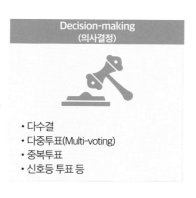

Decision-making
(의사결정)

- 다수결
- 다중투표(Multi-voting)
- 중복투표
- 신호등 투표 등

02 단계별 진행기법

① 발산(Brainstorming) 단계: '답정너' 말고 모두의 아이디어!

브레인스토밍은 원래 '돌아가며 아이디어를 말하는 방식'의 발산 기법을 의미하였으나, 요즘은 '아이디어를 내보자'라는 말을 '브레인스토밍 하자'는 말로 대신하기도 합니다. 단어의 쓰임이 확대되었습니다. 따라서, '발산 단계'를 '브레인스토밍 단계'라고 해도 무방합니다. 우선, 발산 기법으로서 브레인스토밍에 대해 '총정리'해보도록 하겠습니다.

① 브레인스토밍(Brainstorming) : 익숙한듯 낯선 너, 비결이 있다고?

미국의 BBDO라는 광고회사의 창립자 중 한 사람이기도 했던 알렉스 오스본이 브레인스토밍을 고안한 것으로 알려져 있습니다. 그는 수많은 아이디어 창출 과정을 관찰하며 아이디어가 잘 나오는 회의와 그렇지 않고 경직된 회의의 특징을 살펴보았습니다. 잘 되는 아이디어 회의의 특징이나 조건에 대해 상세하게 기술해 놓은 것이 책 한 권이 되어 1953년에 출판("Your Creative Power")되었고 우리나라에는 "창조력"이라는 제목으로 1968년에 번역, 출판되었습니다.

단어 뜻 그대로 문제해결을 위한 독창적인 아이디어를 향해 머리를 써 돌진한다는 의미인 브레인스토밍은 가장 대표적인 발상 기법이며 많은 발상기법의 뿌리이기도 합니다. 오래 전에 소개된 만큼, 이제 브레인스토밍은 특정한 발상기법을 지칭하기 보다 넓은 의미로 '아이디어를 낸다'는 뜻으로 사용되고 있습니다. 그러나 본래 브레인스토밍은 참석자들이 한 사람씩 돌아가며 자신의 아이디어를 이야기하는 방식으로 진행되었습니다. 퍼실리테이션이라는 개념이 없던 시절이라 그 진행은 참석자 중 분위기를 잘 조성하는 사람이 맡도록 하였습니다.

효과적인 브레인 스토밍을 위해 사전 준비할 것이 몇 가지 있습니다. 머리에서 폭풍이 일 듯 아이디어 발산에 돌진할 준비가 되어 있는 참석자들을 초대하는 것이 중요한 조건 중 하나입니다. 모두가 서로를 볼 수 있도록 자리를 배치하고, 모두가 볼 수 있는 곳에 차트를 놓으며, 모든 발언을 기록할 수 있도록 합니다. 그리고, 시작하기 전에 그 유명한 브레인스토밍의 4가지 규칙을 환기시킵니다.

- 4가지 규칙

- **판단 보류 (Deferment of Judgement):** 보통 '비판금지'로도 알려져 있습니다. 누군가 아이디어를 내면 '아니오'라는 말에 막혀버리는 것을 관찰한 결과 만든 규칙입니다. 어떤 아이디어가 나오더라도 발산 과정에서는 비판하거나 판단하지 않습니다.

- **자유분방 (Free-wheeling):** 떠오르는 대로 자유롭게 이야기한다는 원칙인데, 엉뚱한 날 것 그대로의 아이디어를 환영한다는 뜻도 됩니다. 참석자 각자는 다른 사람들이 좋아할지 싫어할지 자기 검열 없이 의견을 낼 수 있어야 합니다. 아무도 비판하지 않는다면 자연스럽게 가능해지겠지요?

- **질보다 양 (Quantity yield quality):** 흔히 '다다익선'이라는 한자성어로도 대체되는 규칙으로 '초보 사냥꾼이라도 자꾸 쏘다 보면 명중한다'는 생각에서 만들어졌다고 합니다. 아이디어를 내다보면 양질의 아이디어가 나올 것입니다. 실제로 브레인스토밍의 초반에는 누구나 낼 법한 평범한 아이디어가 나오다가 시간이 지나 아이디어가 고갈되어 갈 즈음부터 지금까지는 나오지 않은 색다른 아이디어가 나오는 것을 볼 수 있습니다. 관련하여 특정 목표량이나 시간을 정하고 많은 아이디어 제안을 촉진하는 것도 좋은 방법입니다. 예를 들어 지금부터 20분동안 또는 아이디어 50개 나올 때까지 브레인스토밍을 이어가는 것입니다.

- 결합과 개선(Combination and Improvement): 우리 모두의 아이디어라는 마음으로 다른 사람의 아이디어들을 결합하거나 개선해서 또 다른 아이디어로 만들어내자는 규칙입니다. 느낌 그대로 우리 말로 표현하자면 남의 아이디어에 '묻어간다'고 할 수도 있겠네요.

네 가지 규칙을 모두 이해했다면 브레인스토밍 세션을 진행할 절반의 준비가 된 것입니다.

- 진행방법

1 주제 제시 모두가 명확하게 이해할 수 있도록 주제를 차트에 기록하여 제시하기

2 자유 발언 먼저 생각난 사람부터 자유롭게 손 들고 이야기하기

3 라운드(Round) 모두가 감을 잡았다고 생각되면 'Round'로 돌아가며 한 사람씩 아이디어 제시하되, 생각이 잘 안 나면 '통과(Pass)' 할 수 있음

4 쉬었다 이어감 많은 사람들이 '통과'를 외치면 전체적으로 아이디어

가 고갈된 것이므로 잠시 쉬며(5분 내외) 각자 조용히 아이디어를
내보고 기록해 두었다가 다시 3단계 라운드로 돌아가 이어가기

　라운드는 한 사람씩 돌아가며 발언하는 형식을 말합니다. 서로 토
의나 토론 없이 돌아가며 자신의 의견을 말할 수 있도록 발언기회를
보장하는 것이 핵심입니다. 모두의 의견을 듣기로 했는데 소수가 계
속 발언하고 나머지가 계속 이야기를 듣고 있는 상황이 벌어진다면
언제든 '라운드'로 진행하는 것이 효과적입니다.　참석자 한 사람 한

사람 씩 발언권을 챙겨주지 않으면, 겉 보기에는 시끌벅적하게 워크숍의 역동이 좋은 것처럼 보이지만 두어 명이 발언을 장악하고 나머지 사람들은 구경꾼이 될 수 있기 때문입니다. 별 것 아닌 듯해도 발언기회를 보장하는 가장 단순하고 효과적인 방법입니다.

비판금지에 대한 의문들

따져보지 않으면서 어떻게 토의를 하나요?
- 비판하지 않는 것이 동의한다는 뜻은 아닙니다.
- 발산 단계에서 판단을 '보류'할 뿐 수렴 단계에서는 평가하게 됩니다.

"키가 20cm쯤 되면 더 많이 걸을 수 있으니까 석유를 아낄 수 있다" 같은 말도 안되는
아이디어가 나오면 어떻게 하나요?
- 이 말도 안되는 아이디어가 누군가에게는 힌트가 될 수 있습니다.
- 수렴 단계에서 다양한 검토/보완 기법에 의해 좋은 아이디어로 발전시킬 수 있습니다.
- 그리고, 필요한 아이디어가 아니라면 아이디어 수렴 단계에서 참석자들이 그 아이디
  어를 선택하지는 않을 것이므로, 발산 단계부터 걱정할 필요가 없습니다.

시간 낭비 아닌가요? 현실적인 아이디어를 내도록 해야하지 않나요?
- 그 어떤 아이디어도 변변치 않을 때는 어떻게 할까요? 누군가에게 바보같은 아이디
  어가 누군가에게는 혁신적으로 느껴질 수도 있습니다. 때로 결국 폐기될 것을 알더라
  도 그것에서 유용한 점을 찾아내기 위해서 판단을 보류합니다.

혼란을 가중시키는 것 아닌가요?
- 정말 참신한 아이디어를 얻고 싶다면, 모든 가능성을 타진해보고 싶다면 내용이 다
  양해서 혼란스럽게 느껴질 수 있지만 토의 프로세스는 잘 짜여져 있으니 걱정마세요.

★ 참조 : (1) Sam Kaner 외 4인, 《Facilitator's Guide to Participatory Decision-making》, 2007.03.02,
JohnWiley&SonsInc, 119쪽.
(2) 에드워드 드 보노, 이은정 번역, 《드 보노의 수평적 사고》, 2012.1.15, 한언, 117쪽.

여기에 더해 몇 가지 유의점을 잘 알고 진행한다면 완벽한 브레인 스토밍 세션이 될 것입니다.

1 적절한 질문 퍼실리테이터는 촉진 질문과 내용 이해를 위한 질문을 유용하게 사용할 수 있습니다. "여러분의 다양한 고객층을 생각해본다면 어떻게 하는 것이 좋을까요?", "만약 아이들의 시선으로 바라본다면 어떨까요?" 등 참석자들이 다양한 방향으로 생각해볼 수 있는 촉진 질문은 참석자들이 아이디어를 더욱 발산할 수 있도록 해줍니다. 또한 "지금 말씀하신 남부 지역이라 함은 어디를 말씀하신건가요?" 등으로 모두가 참석자의 의견을 정확히 이해할 수 있게 할 수 있습니다.

2 아이디어 기록 브레인스토밍하면서 나오는 모든 아이디어는 모두 '빠짐없이' 차트에 '기록'되어야 합니다. 주로 퍼실리테이터가 기록하게 됩니다. 만약 누군가 아이디어를 냈는데 진행자가 기록하지 않는다면 본의 아니게 그 아이디어를 비판하는 결과가 됩니다. 퍼실리테이터가 별로 신통한 아이디어가 아니라고 생각하면 이상하게 잘 적지 않게 됩니다. 실제 워크숍 현장에서 매우 많이 일어나는 실수이므로, 주의하시기 바랍니다. 기록해야 수렴

(아이디어 평가) 단계에 가서 논의해볼 수 있습니다.

(참고로 퍼실리테이터의 경청은 빠짐 없이 듣고 잘 기록하는 것이고 동시에 '모두의 의견이 중요하다'는 것을 언행으로 보여주는 것입니다. 참석자 의견에 따라 기록하지 않거나, 표정, 추임새 등을 달리하는 등의 행동은 퍼실리테이터가 참석자의 의견을 판단하는 모습으로 비춰져 참석자들이 자유롭게 의견을 발산하는데 문제가 될 수 있습니다.)

3 ___ 금지 위에서 비판을 금지하고 판단을 보류하는 규칙이 있음을 말씀드렸습니다. 그런데, 또 하지 말아야 할 것이 있습니다. 무엇일까요? 이 주의점은 많이 알려져 있지 않지만 브레인스토밍 현장에서 종종 발생하여 충분한 발상을 방해하기에 매우 중요합니다. 추측하셨나요? 그것은 바로 '토의'입니다. 아이디어를 내다 말고 관심이 쏠린 어느 아이디어에 대해 어떻게 하면 잘 할 수 있을지, 자금은 얼마나 소요될지, 유사 성공사례는 무엇이 있는지 등등 토의를 하다 보면 어느 새 시간은 흘러가고 아이디어는 몇 개 나오지 않은 상태로 브레인스토밍을 마쳐야 할 수도 있습니다.

이 글의 앞 쪽에서 '발산과 수렴 단계는 철저하게 구분되어야 한다(다이아몬드를 쪼개라)'고 했는데요, 한 아이디어에 대해 깊이 토의하는 것은 발산이 아니라 수렴 활동입니다. 발산할 때는 열심히 발산만, 수렴은 수렴 단계에서 해야 한다는 뜻입니다. 물론, "방금 말씀하신 '스탠딩 회의'가 정말 서서 하는 회의를 말씀하시는 건가요?"라고 내용을 이해하기 위해 질문하는 것은 토의가 아니므로 괜찮다는 점도 알아 두세요.

이만 하면 브레인스토밍의 핵심 사항을 모두 알려드린 것 같습니다. 이제 실제로 해볼 일만 남았네요! '초보 사냥꾼이라도 자꾸 쏘다 보면 성공하게 된다'는 말을 되새기며, 많이 해보시기 바랍니다. 훌륭한 퍼실리테이터라면 집중해서 모든 의견을 빠짐없이 듣고 팔 떨어지게 '차트 기록'도 해야 한다는 점 잊지 마세요!

② Brain Writing : 포스트잇에 그냥 적는거 아니야? 응 아니야.

요즘은 브레인스토밍을 제대로 익히기도 전에 브레인라이팅에 익숙해지는 시대가 되었습니다. 포스트잇이라는 편리한 종이에 각자 아이디어를 적는 방법이 대중화되었기 때문입니다. 브레인스토밍이 원칙적으로 아이디어를 '말하는' 방법이라면 브레인라이팅(Brainwriting)은 아이디어를 종이에 쓰는 방법입니다. 본래 독일의 게슈카(Geschka)와 홀리거(Holiger)에 의해 명명되었고 일정한 진행 규칙이 있지만 최근에는 '말없이 종이에 쓰는 방법'을 통칭하여 브레인라이팅으로 부르기도 합니다.

게슈카와 홀리거 방식의 공통점은 각자 서류 종이 한 장에 아이디어를 3개 내외 정도 적었을 때 적던 종이를 옆(오른쪽 또는 왼쪽) 사람에게 전달하고 옆에서 전달받은 종이에 아이디어를 추가하는 방식으로 몇 라운드 진행한다는 점입니다. 게슈카는 특별한 서류 양식을 제시하지 않고 아이디어에 일련번호를 붙여가는 식으로 진행했지만 홀리거는 총 6라운드로 정하고 각 라운드마다 3개의 아이디어를 내는 방법을 제시했습니다. 두 가지 방법을 비교하면 다음과 같습니다.

진행 요령

1 테이블에 둥글게 모여 앉는다. 2 주제를 제시한다. 3 용지에 아이디어 4개를 적는다. 4 누군가 4개 아이디어를 냈다면 참석자 상호간 자유롭게 종이를 교환한다. 5 교환받은 종이에 적힌 아이디어를 보고 새로운 아이디어 1~2개를 추가한다. 6 약 15분 간 반복한다.	1 테이블에 둥글게 모여 앉는다. 2 주제를 제시한다. 3 기록양식에 3개의 아이디어를 적는다. 4 5분 내외의 시간이 지나면 옆 사람에게 전달한다. 5 전달받은 종이에 적힌 아이디어를 보고 새로운 아이디어를 3개 추가한다. 6 총 6라운드 진행한다.
<게슈카 방법>	<홀리거 방법>

게슈카나 홀리거식 외에 낱장의 종이에 아이디어를 하나하나 적는 '카드 브레인스토밍(Card brainstorming)'도 있는데, 요즘은 보통 낱장의 종이를 '포스트잇'이 대신하고 있으며 그냥 아이디어카드에 적는 방법을 브레인라이팅이라는 용어로 갈음하는 것 같습니다. 카드 브레인스토밍의 중요한 것은 어떤 종이에 쓰든 '한 장의 종이에는 하나의 아이디어만 적는다'는 점과 '대화 없이' 각자 적는다 점입니다. 그러면 수렴 단계에서 비슷한 아이디어들끼리 손쉽게 분류할 수 있습니다.

▎ 카드 브레인스토밍 ▎

· **아이디어를 말로 이야기하지 않고 아이디어 카드에 적어 공유하는 방법**
· **수행방법**

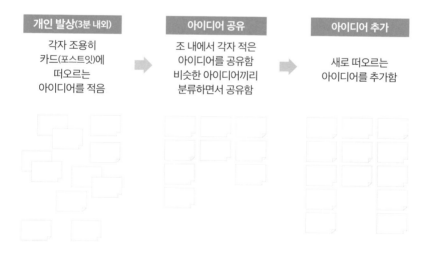

개인 발상(3분 내외)	아이디어 공유	아이디어 추가
각자 조용히 카드(포스트잇)에 떠오르는 아이디어를 적음	조 내에서 각자 적은 아이디어를 공유함 비슷한 아이디어끼리 분류하면서 공유함	새로 떠오르는 아이디어를 추가함

브레인스토밍이 있는데 왜 이 기법이 개발되었을까요? 브레인스토밍이 이른바 '빅마우스(Big mouth : 남의 이야기를 잘 듣지 않고 자신의 주장을 강하게 반복하거나 발언권을 장악하는 사람)'의 영향을 받을 수 있는 반면 브레인라이팅은 각자 조용히 자신의 아이디어를 적어 제시하므로 '스몰마우스(Small mouth)'를 비롯한 모든 참석자들의 의견을 모두 도출할 수 있는 장점이 있습니다. 또한 참석자들이 '차분하게 생각할 시간'을 제공합니다. 일부 연구는 브레인라이팅의 경우 아이디어의 질이 더 좋아진다는 결과를 보여주기도 합니다.

'말하는 방법'과 '쓰는 방법'은 각각 장단점이 있으므로 퍼실리테이터가 잘 판단하여 적절하게 사용하여야 합니다. 어떤 그룹은 남들 앞에서 자신의 의견을 소리내어 말하는 것을 별로 좋아하지 않는 사람이 많을 수도 있으니 충분히 워밍업되기 전이라면 쓰는 방식을 적용하여 심리적 부담을 줄여 줄 수도 있을 것입니다. 또 어떤 그룹은 반대로 대화하고 교류하는 것을 좋아하는 사람들이 많을 수도 있습니다. 그런 경우 쓰는 방법보다 말하는 방법을 활용하여 에너지를 활성화할 수도 있을 것입니다.

그러나 사색을 선호하는 그룹이라고 해서 계속 쓰는 방법만 활용한다면 상호 교류가 별로 없고 분위기가 너무 심각해지거나 활력이 떨어질 수 있고, 교류를 좋아하는 그룹이라고 해서 말하는 방법만 쓴다면 조용히 생각을 정리할 기회가 박탈될 수도 있을 것입니다. 어떤 순간에 어떤 방법을 쓸지는 온전히 퍼실리테이터에게 달려 있으니, 잘 판단해서 사용하시기 바랍니다.

경험적으로 한 가지 확실한 점은, 교류가 없는 것보다는 어색하더라도 자꾸 대화하도록 하고 참석자들의 대화가 차트에 큰 글씨로 적혀 모두가 한 곳을 바라보며 목소리로 소통할 때 더 빨리 마음을 열고 그룹의 역동이 강해진다는 점입니다. 퍼실리테이터의 친밀하고 센스있는 '밀어붙이기'가 필요한 이유입니다. 일반적으로, 참석자 간 친밀도가 낮은 그룹의 워크숍 초반에는 '2인 대화'를 통해 서서히 위밍업하고 점차 4명, 6명, 전체 대화로 확대해 가는 것이 좋다는 점도 함께 활용하시기 바랍니다.

③ Wandering Flip Chart : 일어나서, 여러 주제를 (a.k.a 절대 좀 수 없는)

원더링 플립차트 기법은 매우 활용도가 높은 기법입니다. 말 그대로 차트 사이를 거닐면서 아이디어를 낸다는 뜻입니다. 인그리드 벤즈(Ingrid Bens)가 쓴 "퍼실리테이션 쉽게 하기(Facilitation with Ease)"에 그 방법이 소개되어 있고, 그 외 필자가 본 다른 도서에서는 당연히 이 기법을 안다고 전제한 것처럼 자세한 설명없이 '이럴 때 원더링 플립차트를 사용한다'는 식으로 기술하고 있습니다. 그만큼 퍼실리테이터들이 즐겨 쓰고 있는 잘 알려진 기법이라는 뜻도 되겠습니다.

이 방법은 다소 광범위한 주제에 대해 빠른 시간 안에 많은 사람들의 아이디어를 모으고자 할 때, 특히, 하나의 큰 주제에 속하는 몇 가지 세부 주제에 대해 동시에 아이디어를 모으고자 할 때 매우 유용합니다.

상기 도서의 내용과 그 동안 현장에서 원더링 플립차트를 활용했던 경험을 종합하여 다음과 같이 프로세스를 안내해 드립니다.

▌ 원더링 플립차트 진행 방법 ▌

1 발상할 대주제에 관한 하위 주제를 정한다. (예 : 'SWOT 분석'이라는 대주제 밑에는 '강점, 약점, 기획요소, 위협요소'라는 하위 주제가 있습니다.)
2 방 곳곳에 하위 주제 수 만큼 플립차트를 배치한다. (SWOT 분석의 경우 4개)
3 플립차트마다 하위 주제를 배정하여 제목을 적는다.
4 참석자들에게 포스트잇과 펜을 들고 모두 일어서도록 요청한다.
5 자유롭게 돌아다니며 떠오르는 아이디어를 해당 차트에 적어 붙이도록 한다.

또는 소그룹 별로 차트 하나씩 배정하여 아이디어를 내도록 한 후(예를 들어 5분, 1라운드), 옆 차트로 이동하도록 하여 아이디어를 추가(2라운드)하도록 한다. 최대 차트 수 만큼의 라운드로 진행할 수 있다.

〈원더링 플립차트 수행 장면〉

3명이 3분동안 3가지 아이디어!!!

④ 3-3-3 : 소그룹 안에서 브레인 스토밍과 라이팅의 결합

3-3-3 기법은 가장 부담없는 발상법입니다. 예를 들어, "내일은 우리 부서 발전 방안에 대해 머리를 모아 봅시다"라며 어제 회의를 마친 부서장이 바쁜 업무 때문에 미처 세부 안건과 진행 프로세스를 준비하지 못한 경우를 생각해 봅시다.

"머리를 모은다"는 것은 구성원들의 의견을 골고루 모으고 함께 의사결정 하겠다는, 즉 구성원의 참여를 바탕으로 퍼실리테이션 하겠다는 의미가 담겨있을 것입니다. 여러분이 이 부서장이라면 세부 진행계획서 없이 어떻게 효과적으로 참여를 유도하면서 합리적으로 회의를 이끌어 갈까요?

이럴 때 '3-3-3' 기법을 활용해봅시다. 풀어 쓰면 "3명이 3분 동안 3가지 아이디어를 내는" 기법입니다.

"지금부터 '우리 부서 발전 방안' 관련해서 세부적으로 어떤 논의가 필요하다고 생각하는지 3인 1조가 되어 3분 동안 3가지 이상의 세부 논의 안건을 제안해주시기 바랍니다"

세 사람이니 부담없이 대화를 나누며 (Storming) 괜찮다고 생각한 결과는 포스트잇 한 장에 하나씩 적어(Writing) 모아봅니다. 아마 분위기 쇄신, 상벌체계 합리화, 자리배치 효율화, 매출 향상 등 세부 안건에 대한 아이디어들이 나올 것입니다. 아이디어 카드에 작성된 각 안건 중 중복 안건을 제거하고 전체 참석자들과 공유한 후 우선 순위를 매겨, 정해진 회의 시간에 순서대로 다루고 남는 안건은 다음 회의로 넘길 수 있습니다.

이 방법의 장점은 첫째, 소수(3명)로 구성된 소규모 대화를 통해 워밍업 효과를 얻을 수 있다는 점입니다. 또한 빅마우스가 있거나 내향적 참여자가 많을 때, 3명으로 나누어 얘기하면 의견 발산이 더 용이하게 됩니다. 둘째, 자신들이 토론하기 원하는 주제를 스스로 결정함으로써 회의 초반부터 권한위임이 이루어집니다. 셋째, 3분 남짓이면 구성원들이 만족할 만한 세부 안건이 간단하게 마련되는 효율을 얻을 수 있습니다. 그야말로 이름뿐 아니라 효과도 일석삼조입니다.

꼭 토론 주제를 수집하는 용도가 아니라 다양한 아이디어 발산에도 유용합니다. 시간 여유가 크지 않은 상황에서 빠르게 의견을 내도록 함으로써 '고품질 아이디어'보다 '모두의 참여'라는 가치를 지키고 싶거나, 고심해야 하는 어려운 주제가 아니라 다양한 관점을 빨리 수집해야 할 때 매우 유용합니다.

이 기법의 출처는 정확하게 알 수 없습니다. 다만, 퍼실리테이터가 되기 전 지역활성화 컨설턴트이던 시절 다니던 회사의 대표이사께서 (퍼실리테이션 회사도 아니었는데!) 어느 날 이렇게 회의를 진행하여서 처음으로 알게 되었고 이후 종종 활용하게 되었습니다. 종이와 펜만 있으면 되니 걱정 말고 시도해봐도 좋습니다. 아이디어 발산 기법은 매우 많이 개발되어 있기 때문에 이 책에서 일일이 열거하고 하나하나 소개하지 않더라도 관련된 온라인 사이트 등을 통해 더 학습할 수 있을 것입니다.

이리저리 해봐도 참석자가 아이디어나 의견이 없다 하면
퍼실리테이터도 어쩔 수 없는 것 아닌가요?

실제 워크숍 현장에서 생길 수 있는 일이지요. 퍼실리테이터가 당황스러운 상황입니다. 이를 방지하기 위해서는 먼저, 사전에 적절한 이해관계자가 참석했는지를 파악해야 합니다. 또한 직책, 역할, 평소 관계를 고려하여 참석자 사이에 의견을 말하기 불편한 관계가 없는지도 파악해야 합니다. 둘째, 아이스브레이킹 등으로 참석자 모두가 자유롭게 말할 수 있는 심리적 안전을 조성해야 합니다. (심리적 안전 : 팀원 상호간 서로 상처받지 않고 자연스럽게 행동할 수 있는지, 두려워하지 않고 기꺼이 위험을 감수할 수 있는지를 의미) 셋째, 발상하고자 하는 주제와 주어진 시간, 참석자 특성 등을 고려하여 최적의 질문과 기법을 제시하는 것입니다.

#. 또다른 시작을 위한 두번째 성찰

1 이번 Chapter를 통해 느낀 점과 새롭게 배운 점은 무엇인가요?

✎

2 여러분의 회의/워크숍에 적용하고 싶은 '한 가지'는 무엇인가요?

✎

② 분류단계(Grouping) : 너무 뭉치지 않기!

아이디어를 충분히 발산했다면 이제 슬슬 수렴단계로 넘어갈 차례입니다. 여러 사람이 시간을 내어 산출된 아이디어들이 마지막 순간까지 빛을 발하기 위해서는 분류와 제목 정하기로 이어지는 데이터 관리 과정도 발상만큼이나 중요합니다. 이 과정은 다른 퍼실리테이션 이론이나 기법과 마찬가지로 내용상으로 어렵지 않지만 실제 수행 과정에서 많은 변수가 나타나기 때문에 경우에 따라 예상보다 많은 시간이 소요되기도 합니다.

아이디어를 분류하는 방법은 친화도법과 계열법, 연역법과 귀납법 등으로 설명할 수 있지만 가장 뚜렷하게 많이 쓰이는 친화도법을 중심으로 설명하겠습니다.

Affinity diagram을 번역한 친화도법은 '내용'이 비슷한 아이디어끼리 분류하는 방법으로 '영역법'이라고 부르기도 합니다. 보통은 낱장의 종이에 아이디어를 하나하나 적는 발상법(카드 브레인스토밍)을 많이 이용하기 때문에 종이를 이리저리 옮겨 놓는 방법으로 손쉽게 분류할 수가 있습니다. 저는 편의상 '카드분류법'이라고 부릅니다.

ICA(Institute of Cultural Affairs)의 ToP(Technology of Participation)에서도 기본적으로 내용상 비슷한 아이디어로 분류하는 친화도 접근법을 사용하지만 수행하는 방법은 조금 더 체계적입니다. 종이 한 장한 장에 의미 없는 기호(△□◇○◎…)를 적어 붙여 분류할 공간(항목)

을 만든 후, 참석자들이 자유롭게 아이디어를 분류하도록 합니다. 이 과정에서 참석자들은 서로 어떤 기준으로 분류하는지 관찰하며 이해하도록 노력하면서 이리저리 옮겨 보기를 반복함으로써 분류를 완성해 나갑니다. 분류를 마치면 기호가 적혔던 종이를 빈 종이로 대체하면서 제목을 적습니다.

카드 분류법

수행방법

1 포스트잇이나 색카드 등에 적힌 아이디어의 내용을 명확하게 공유함

2 내용에 대해 토의하지 않도록 하되 의미를 명확하게 이해하기 위한 질의응답을 허용함

3 '내용'상 비슷한 아이디어들 끼리 모아 그룹을 만든다.

4 이때 ○ ◇ □ △ 등의 의미없는 기호가 제목으로 적힌 종이로 그룹을 구분하기도 하며, 분류가 모두 될 때까지 섣불리 제목을 적지 않도록 주의한다.

5 어디에도 속하지 않는 아이디어는 하나의 아이디어라도 별도의 그룹으로 분류한다.

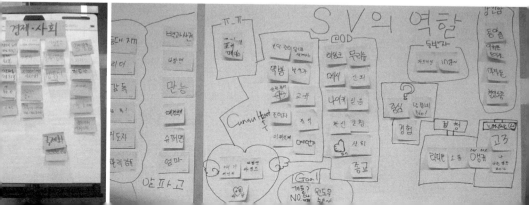

아이디어가 낱장의 종이에 적혀 있지 않고 차트 한 장에 아이디어를 쭉 적어 내려간 경우는 자유롭게 아이디어들을 옮기기 어려우므로, 다른 방법을 취해야합니다. 맨 처음에 적힌 아이디어에 아무 모양(△□◇○◎…)이나 예를 들어 △(세모)로 표기하여 구분합니다. 그 다음 아이디어가 첫 번째와 비슷한 내용이면 △(세모)를, 다른 내용이면 다른 도형 예를 들어 □(네모)를 부여하는 식으로 분류할 수 있습니다. 이 방법은 스탠퍼드 대학에서 개발한 것으로 알려져 있는 명목집단기법(NGT, Norminal Group Technology)에서 제시한 방법인데요, NGT에서 분류기법만 따로 명명하지 않기 때문에 저는 편의상 '기호분류법'이라고 부르고 있습니다.

<기호분류법>
○○○ 개선 아이디어

△ 10분 이내 잠금장치를 푼다
◇ 이웃한 부서끼리 상호 검토한다
○ 역량있는 직원에게 배운다
○ 해외 사례로부터 배운다
◇ 당직자가 1단계 조치를 담당한다

△ 시간이 지나면 외부협조를 요청한다
✱ 사전에 누전을 예방한다
◎ 관련 예산을 증액한다
◎ 긴급한 경우 예비금을 사용한다

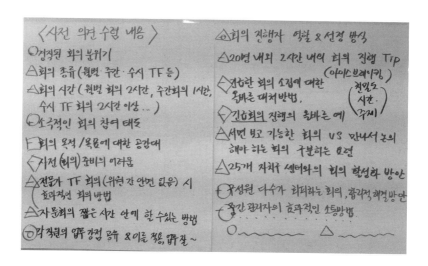

분류가 어려운 5가지 이유와 조언

여기까지 어렵지 않으실 겁니다. 그런데 실제로 분류작업을 하다 보면 몇 가지 어려움이 발생합니다. 어디까지 같은 그룹이고 어떤 것들은 분리해야 하는지 판단하기가 여간 헷갈리는 것이 아닙니다. 이런 어려움이 생기는 이유는 분류하는 과정에 다음과 같은 5가지 함정이 도사리고 있기 때문입니다. 이 함정에 빠지지 않도록 찬찬히 잘 살펴보기 바랍니다.

1 일부 참석자가 아이디어의 내용을 이해하지 못했을 수 있다

퍼실리테이터는 분류를 시작하기 전에 제출된 아이디어의 내용을

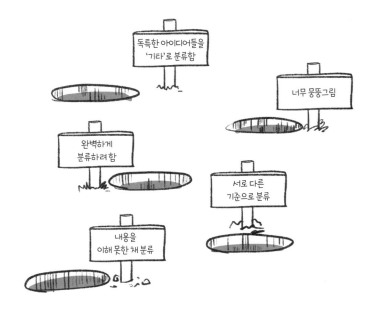

모든 참석자들이 이해하도록 명확하게 공유하는 시간을 가져야

합니다. 아이디어 발산 단계에서 집중하지 못한 참석자가 있을 수

있고, 내용을 이해하지 못한 채로 분류를 잘 할 수 없기 때문입니

다. 그래서 이때 참석자가 질문한 내용을 제안자가 답변하는 Q&A

시간을 가지기도 합니다.

2 저마다 분류하는 기준이 다르다

같은 데이터(아이디어들)를 놓고 어떤 사람들은 '생활 서비스'와

'의료 서비스'로 나누는 반면, 누군가는 '다중 이용 서비스'와 '개인

서비스'로 나누어야 한다고 주장하기도 합니다. 누군가는 '10~20

대 소비자 대상 상품'과 '40대 이상 상품'으로 나누어야 한다고도 합니다. 워크숍의 주제와 목표하는 산출물이 어떤 식으로 활용되는지 등에 따라 어떤 기준이 좋을지 생각해보도록 합니다.

3 어떤 사람들은 완벽한 분류를 추구하고 어떤 사람들은 그렇지 않다

경영분석 기법 중에 MECE(Mutually Exclusive Collectively Exhaustive)라는 개념이 있습니다. 데이터를 중복이나 누락없이 분류하는 것을 의미합니다. 예를 들어 1년 365일을 1월부터 12월까지 12가지로 분류하는 것이나, 월화수목금토일 7가지로 분류하는 것이 해당됩니다. 1월이면서 2월인 날짜는 없습니다. 어디에도 속하지 않는 날짜도 없습니다. 월요일이면서 화요일인 날도 없고, 월화수목금토일 어디에도 속하지 않고 누락되는 날도 없습니다. 모든 시민은 유주택자나 무주택자 중 한 곳에 속하며 어디에도 속하지 않는(누락된) 사람도 없습니다.

가끔 워크숍 중에 데이터(아이디어)를 MECE하게 분류하는 현상이 생깁니다. 그러면 대분류, 중분류, 소분류 등으로 위계가 생기기도 합니다. 어떤 사람들은 복잡한 분류에 지루함을 느끼거나 그렇게까지 분류할 필요를 못 느끼기 때문에 갈등을 겪기도 합니다.

분류의 목적은 많은 수의 아이디어를 한 눈에 파악하기 위함이지 완벽한 분류 자체에 있지 않음을 이해하고 '완벽한 분류' 함정에 빠지지 않기 바랍니다. MECE하거나 위계에 맞게 분류하지 않아도 됩니다.

4 자꾸 데이터를 한 데 뭉쳐서 몇 개 안 되는 그룹으로 뭉쳐버린다

이것은 인과관계를 고려하기 때문으로, '역량 있는 직원으로부터 배운다'는 아이디어와 '해외사례로부터 배운다'는 아이디어를 하나로 묶었다가 '이웃한 부서끼리 상호 협조한다'는 아이디어와 '외부 기관의 협조를 요청한다'는 아이디어도 결국 서로서로 돕자는 말이니 모두 묶어 '협업 개선'이라고 명명하자고 하는 식입니다. 심하면, 전체 수십 개의 아이디어를 '사람이 할 수 있는 일', '기계가 담당할 일' 하는 식으로 뭉뚱그릴 수 있습니다.

인과관계를 고려하다 보면 너무 많은 아이디어를 한 항목으로 분류하게 되고, 이는 어떤 아이디어들이 나왔는지 한 눈에 보는 것을 오히려 방해할 수 있습니다. 톡톡 튀는 창의적인 아이디어들이 산더미 같은 아이디어 속에 묻혀 사라져버릴 수도 있습니다. 따라서 '내용'이 비슷한 것끼리 분류하기로 했다면 그냥, 종이에 적힌 '액면' 그대로 '내용'만 보면 됩니다.

5 어디에도 속하지 않는 아이디어들을 '기타'로 분류하려고 한다

사람들은 본능적으로 하나도 남김 없이 어딘가로 '소속'시키거나 '채워' 넣으려는 경향을 보입니다. 어딘가로 끼워 넣어보다가 정안 되는 아이디어들을 묶어 '기타'로 분류하곤 하는데, 자칫 독창적인 아이디어를 별 특징 없어 보이는 아이디어들과 함께 '도매금'으로 넘기는 일과 같습니다. 만약 모든 아이디어가 대략 8개의 항목으로 분류되었고, 이 중 가장 중요한 상위 3개를 선별하기 위해 투표라도 한다면 사람들은 '기타'라고 적힌 항목에 아마도 표를 잘 던지지 않을 것입니다. 그러면 우리를 구원할 수도 있었던 아주 좋은 아이디어가 투표와 함께 사라지는 것이지요.

분류 기준을 정하면 분류하는 일이 명확해질 것 같지만 기준을 무엇으로 할 것이냐로 논쟁이 옮겨가며 혼란이 가중되기도 합니다. 분류의 목적은 '완벽하게 분류'하는 것이 아닙니다. 발산 과정이 충실했다면 상당히 많은 수의 아이디어가 나왔을 것이고, 한 눈에 파악되지 않을 것이기 때문에 "어떤 아이디어들이 나왔는지 파악"하고자 하는 것이 분류과정을 거치는 이유입니다. 따라서 정확한 기준에 따라 완벽하게 분류하느라 너무 많은 시간을 쓰기보다 직관적으로 '비슷한 내용'들끼리 모아보는 것이 좋습니다. 어떤 경우는 한 항목에 아이디어가 너무 많이 들어가 있어서 한 번 더 나누려다 보니 다른 분류항목들에 비해 세분화된 느낌이 들 수도 있지만 필요하다면 그것도 괜찮습니다. 대체로 7~8개 내외의 항목으로 분류하면 크게 이상하지 않지만 물론 전체 아이디어의 수 등에 따라 유연하게 대처해야 합니다.

어떤 아이디어가 두 가지 그룹에 모두 해당되어 논란이 있는 경우, "아이디어 제출자가 누구신가요?"라고 물으며 우선 아이디어 제공자에게 말하고자 했던 핵심 내용과 의도를 질문하여 판단합니다. 익명을 철저하게 보장 해야하기 때문에 '원작자'를 찾기 어렵거나 양 그룹에 똑같이 중요한 아이디어라면 같은 종이를 한 장 더 적어 두 그룹에 동시에 붙이도록 합니다.

물론, 분류 결과가 다음 단계에 어떤 목적으로 어떻게 사용되는지, 전사적인 인재상의 요건에 대한 데이터인지, 구체적인 평가 지표 아이디어인지, 새로 개발하려는 상품 아이디어인지, 전략 수립에 활용할 일반환경 분석 중인지, 불량 발생의 원인을 수집하는 중인지 등에 따라서 다소 더 철저하게 분류하거나 여기서 언급하지 않은 다양한 분류방법을 쓸 수도 있으나, 일단 위에 설명한 것까지 소화하신다면, 나름대로 응용할 판단력과 더 깊이 학습할 여력이 생길 것입니다.

무엇보다 중요한 것은, 분류 또한 퍼실리테이터가 하는 것이 아니고 참석자들이 할 수 있도록 '가이드'할 뿐이라는 점입니다. 퍼실리테이터가 분류에 대해 잘 이해하고 있으면 더 올바르게 가이드 할 수 있을 것입니다. 여기서 가이드란, '이렇게 분류해보라, 저렇게 해보라'고 퍼실리테이터의 분류 기준이나 수위를 알려주라는 것이 아닙니다. 참석자들이 주의사항 몇 번에 해당하는 행동을 보이는지 관찰할 수 있어야 하고, 그럴 때 "음, 40개의 아이디어들을 총 3개로 분류하셨는데, 이 다음 단계에서 올 해 안에 개발할 상품을 5개 고르게 될 것을 고려하면 너무 뭉쳐 놓은 것이 아닐까요?" 라는 질문을 할 수 있어야 한다는 뜻입니다.

이 페이지를 공부하신 여러분이 '진행자'가 아니라 워크숍 '참석자'로 워크숍에 참여하신다면 이와 같은 점들에 유의해서 데이터를 분류하시기 바랍니다. 토의하고 있는 내용(Contents)은 어디까지나 참석자들의 것이고, 산출물의 수준은 참석자들의 수준을 넘지 못합니다. 다만, 같은 참석자, 같은 주제라면 퍼실리테이터가 어떻게 인도하느냐에 따라 최대치의 성과를 낼 수 있을 것입니다. 퍼실리테이터가 중립을 어기고 참석자들에게 퍼실리테이터의 생각을 강요할 필요는 없습니다. 참석자들이 "네, 저희에게는 이 분류가 꼭 맞습니다. 이 중에 어떤 항목에서는 두 개의 상품을 선택할 수도 있을 것 같습니다"라고 한다면, OK! 더 걱정할 것 없이 다음 단계에 대응하면 됩니다.

❸ 제목(Naming) 단계 : 네이밍은 통찰입니다.

분류가 다 되었다 싶으면 이제 각 항목별로 제목을 정할 차례입니다. 분류된 하나의 항목에 여러 개의 아이디어들이 있으므로, 하나로 묶인 아이디어들의 '핵심 의미'를 통찰하여 제목으로 적는 것이 도움이 됩니다. 때로 제목을 정하는 과정에서 몇몇 아이디어들이 다른 항목으로 재배치될 수도 있습니다.

　제목을 정한다는 것은 단순한 키워드의 나열이 아닙니다. 제목만 보아도 "무엇을 어떻게 하겠다"는 것인지 알 수 있도록 세 단어 내외의 문구로 표현하는 것이 좋습니다. 예를 들면, '빠르고 정확한 초동조치', '전문가 그룹에 의뢰하기' 등입니다. 독특하고 구체적인 아이디어를 브레인스토밍 해 놓고 제목을 적을 때 '인력', '출근시간', '교육' 등으로 단순한 제목을 적는 현상은 정말 흔하게 볼 수 있습니다. 함께 제목을 논의한 사람끼리는 어떤 맥락에서 '인력'이라고 적었는지 공통의 이해가 있어 그 순간 문제가 안 될 수 있지만, 옆 테이블 사람들은 인력을 충원하자는 것인지 출근시간을 당기자는 것인지 늦추자는 것인지, 교육을 어떻게 변화시켜야 한다는 것인지 명확하게 알기 어렵기 때문에 이후 논의를 함께 해 나가는 데 비효율적입니다.

　이러한 관점에서 한 그룹 한 그룹 제목을 붙일 때, 매우 좋은 요령이 있습니다.

① 해당 그룹의 아이디어 중에 대표 제목이 될 만한 것이 있는지 확인합니다. 참석자들이 지목하는 아이디어가 하나 있다면 그것을 제목으로 정합니다.

② 대표 제목으로 적합한 아이디어가 없다면 분류된 아이디어들

의 핵심 의미와 내용이 무엇인지 통찰해 보고, 적절한 제목을 만들어 봅니다.

③ 만약 그룹 안에서 대표제목도 안 잡히고 새로운 제목도 잘 안 나온다면, 무언가 상당히 이질적인 아이디어가 끼어 있을 수 있습니다. 그 아이디어를 제외하면 쉽게 제목이 나올 수 있습니다. 이 때 무리해서 제목을 만들다 보면 모호하고 추상적이거나 너무 범위가 넓은 제목을 붙이게 됩니다. 그러면 다른 분류 항목에 있는 아이디어들까지 이 곳에 포함시켜야 할 것 같기도 하고, 그러다 보면 분류 전체가 흔들리기도 합니다.

예를 들어, "사업부제 도입"과 "각 단위 조직의 자립도 향상"이라는 두 가지 아이디어가 있는 그룹의 제목을 "조직개편"이라고 적는다면 너무 넓은 범위의 제목일 뿐 아니라 핵심 의미와 멀어진 제목으로 의미를 왜곡하고 있는 것입니다.

그 외 사소한 요령으로는, 제목이 만들어지면 다른 색깔의 종이에 쓰거나 제목이 적힌 종이에 굵은 테두리를 쳐 주는 등의 방법으로 시각적 소통을 돕는 것이 좋습니다. 또한 참석자들의 의향이 잘 반영되도록 중립을 지키기 위하여, "제가 듣기로는 ~~~한 내용을 말씀하시는 것 같은데 맞습니까?" 정도의 질문으로 참석들의 활동을 도울 수 있습니다. 제목을 정하는 일은 여러 참석자들이 말하고자 하는 내용이 무엇인지 핵심 내용을 파악하기 위한 것이므로, 약간의 공을 들여야 하는 과정입니다.

2017년 IAF 아시아 컨퍼런스에서 발표한 어느 유럽의 퍼실리테이터는 분류와 제목적기 과정에서 원 데이터의 내용이 누락되거나 왜곡되는 현상을 지적하며 ToP(Technology of Participation, ICA가 개발한 참여 기법임을 알리는 문구)의 이러한 수렴 방식을 비판하기도 하였습니다. 저도 분류와 명명 과정에서 불만이 있었기 때문에 그 지적에 공감합니다. 그러나, 원 데이터의 수와 다루는 주제의 특성에 따라 분류와 명명이라는 과정이 유효하기도 합니다. 칼로 무를 자르듯 명쾌하지 않은 것이 인간사이니 상황에 맞게, 그러나 경험 많은 퍼실리테이터들의 가이드를 너무 벗어나지 않는 것이 좋을 것입니다.

잊지 마세요, 퍼실리테이터의 생각과 달라도 참석자들의 답이 정답이라는 것을요! 급하게 투표를 하거나 결론을 내리기 전에, '이만하면 아이디어가 잘 정리되었는지' 참석자들에게 물어보세요! 말로 표현하지 않더라도 비언어 메시지를 확인하는 것, 잊지 마시고요!

아래 데이터는 J사에서 회의 문화를 개선하려는 워크숍의 '핵심 문제 선정' 세션에서 실제로 참석자들이 제출한 아이디어들입니다. 여러분이라면 어떻게 분류하고 제목을 정하시겠습니까? 정답은 없으니 포스트잇 등에 옮겨 적은 후 다양한 기준으로 분류해보는 연습도구로 활용해보세요.

회의 목적 불명확 및 인식 부족	쓸데없는 보고 문화	회의 시간 과다	시간 끌기	명확한 회의 도출 결과 미흡
유사한 성격의 중복된 회의	부서 별로 지향하는 목표가 일치되지 않는 듯	명확한 결론 없이 끝나 버림	문제점 진단 후 향후 계획 수립이 명확하지 못함	참석자들의 참여의식 부족 (회의 집중도)
합의점 도출의 어려움	팀별 R&R 싸움	너무 많은 회의 주제	참석자의 의견보다 주관자의 의견이 중요	적당한 유머를 쉽게 할 수 없는 분위기가 되곤 한다.
주제에 맞는 참석자는 누구인지?	모호한 참석 기준 (과다/과소)	준비 없이 참석	이미 정해진 결론 도출 과정	발표자와 일부 관련된 사람만 발언
참석자들의 선입견으로 결과를 잘 수용하지 않으려 한다.	회의에서 결정된 사안에 대해 결론 바꿈	명확한 결론 없이 끝나버림	참석자들의 회의 시간 미준수	성과 개선을 최우선 과제로 논의할 시간이 많지않다.
불필요하고 반복적인 회의	사전준비 부족	답이 정해진 회의	불균등한 발언 기회	집중도 낮음
경직된 분위기	회의자료 촉박하게 공유	회의 주제를 준비하는 사람에게 100% 위임하지 않는다.		

4 결정(Decision Making) 단계 : 4가지 투표 방법

의사결정이라고 하면 어떤 상황이 떠오르시나요? 투표? 의사결정권자의 최종 선택? 아이디어를 분석하여 더 좋은 아이디어로 만들거나 좀 더 체계적인 방법으로 비교, 평가하는 방법에 대해서는 '보완 기법' 부분에서 다루기로 하고, 여기서는 간단하게 주요 투표 방법을 중심으로 기술하려고 합니다. 물론, 투표 기법도 매우 다양하기 때문에 여기서 모두 다루기 어렵고 그럴 필요도 없을 것입니다. 퍼실리테이션 현장에서 가장 빈번하게 사용하는 방법 4가지를 소개하고자 합니다.

① 다수결 (Majority vote) - 1인 1표

민주주의 국가의 국민이면 설명이 필요없는 방법입니다. 많은 사람들이 지지하는 안을 선택하는 것입니다. 빠르고 다수의 의견이 반영된다는 장점이 있지만 승자와 패자로 나뉜다는 단점이 있습니다. 따라서 다소 가볍고 심각하지 않은 선택에 적용합니다. 무조건 다수가 선택한 안으로 결정하는 단순 다수결, 과반수가 선택한 안으로 결정하는 절대 다수결, 그리고 2/3 또는 3/4이상이 선택해야 채택하는 가중(제한) 다수결로 나뉩니다.

② 다중투표 (Multi-vote) - 1인 다(多)표, 다수의 대안에 한 표씩

워크숍 현장에서 가장 많이 사용되는 투표는 단연 다중투표일 것입니다. 다중투표는 여러 개의 대안 중에 각자 선호하는 아이디어 여러 개를 골라 각 아이디어에 한 표씩 던지는 방식의 투표입니다. 예를 들어 10개의 후보 아이디어가 있고 그룹의 목표가 Top 5로 좁히는 것이라면 각자 10개 중 마음에 드는 것 5개를 선택하도록 합니다. 모든 참석자들의 투표 결과를 합산하여 가장 많은 표를 얻은 상위 5개가 Top 5가 될 것입니다. 그런데 반드시 5개를 선택하도록 할 필요는 없습니다.

일반적으로, 후보 아이디어가 n개라면 참석자들에게는 n/2개를 선택하도록 합니다. (즉 위 사례처럼 10개 후보 아이디어가 있다면 참석자에게 5개 선택할 투표권을 주는 것입니다.) 아이디어의 수에 비해 투표참여자가 너무 적거나 특별한 이유가 있다면 ((n/2)+1)개를 부여하기도 합니다. 식스시그마(6σ)라는 경영기법에서는 n/3 만큼 선택하도록 하므로, 결론적으로 n/2~n/3개 사이에서 결정된다고 볼 수 있습니다. 단, NGT(Norminal Group Technique, 명목집단기법)에서는 그냥 5~7개를 선택하도록 합니다.

본래 다중투표는 많은 아이디어를 한 번에 다 검토할 수 없기 때문에 범위를 좁혀가기 위한 목적으로 수행합니다. 30개의 아이디어 중 10~15개의 아이디어로 좁힌 후 필요 시 다시 좁혀 최종 검토(ex. Top 3 선정)를 하는 것이 효율적일 것입니다. 그러나 분류 과정을 거치면 10개 내외의 그룹들로 정리되기에, 무거운 주제가 아니라면 종종 한 번의 다중투표로 의사결정이 일어나기도 합니다.

다중투표는 다수결처럼 빠르게 의사결정하면서도 승자와 패자가 명백히 나뉘지 않는 장점이 있습니다. 그냥, 우리 모두가 선택한 결과가 됩니다. 그래서 다중투표로 도출된 결과는 자연스레 '합의안'으로 보는 것이 보통입니다. 따라서 다중투표 결과 선택된 대안에 대해서

"합의하십니까?"라고 묻지 않습니다. 누군가 "저는 동의할 수 없습니다"고 한다 해도 처음부터 논의를 다시 할 수는 없는 노릇입니다.

③ 중복투표 (Duplicate vote) - 선호하는 아이디어에 더 많은 표를!

다중투표를 통해 범위를 좁혀 본선 진출 아이디어를 선정할 때 몇 개 정도면 본선이라고 할 수 있을까요? 가장 권위있는 근거는 밀러(George A. Miller)의 매직넘버(7±2)입니다. 밀러는 실험을 통해 사람이 동시에 처리하거나 기억할 수 있는 정보의 수가 대략 7개 내외라고 결론 내렸습니다. 밀러의 이론을 수용한다면, 한눈에 검토할 수 있는 개수로 대안을 좁힌 후 대안 간의 장단점 분석 등의 평가를 거치거나 최종 의사결정을 하는 것이 합리적일 것입니다.

보통 최종 의사결정 단계에서는 중복투표를 이용합니다. 대안이 7개 내외로 좁혀졌다면, 다음과 같은 방법 등으로 중복투표할 수 있습니다. (아래 2가지 방법은 부여되는 총 점수에 차이가 있습니다.)

- 각자에게 10점씩 부여한 후, 그 10점을 가장 선호하는 아이디어부터 선호하는 만큼 배분 (Top 워크숍 방법에서 제시하는 방법)
- 대안의 개수 5에 1.5를 곱한 수가 7.5이므로 각자에게 7 또는 8점을 부여 한 후, 가장 선호하는 아이디어부터 선호하는 만큼 배분 (보통 식스시그마(6σ)에서 이렇게 합니다)

단, 어떤 방법을 쓰든 특정인의 과도한 몰표를 방지하기 위해 가장 선호하는 아이디어에 최대 50%의 점수까지만 주도록 합니다. 예를 들어 10점을 가지고 있고, 선호하는 아이디어가 3번, 4번, 1번, 5번, 2번 순이라면 3번 아이디어에 최대 5점까지 줄 수 있습니다. 물론 그 이하를 주어도 됩니다. 가장 마음에 들지 않는 아이디어에는 점수를 주지 않을 수도 있고, 2개의 아이디어가 똑같이 마음에 든다면 같은 점수를 주어도 됩니다.

중복 투표 사례 : 각자 10점씩 부여한 경우

각자 10점씩 부여하여 총 5명이 아래처럼 투표를 했다고 한다면, E 경우는 중복 투표를 잘못한 것입니다. 선호하는 안에 10점×50% (5점)을 초과하여 줄 수 없습니다.

	1안	2안	3안	4안	5안	6안	7안	적정여부
A	2	2	2	2	2	0	0	○
B			5		5			○
C	2	2		4		1	1	○
D			5	3	2			○
E		6	1	1	1	1		×

④ 신호등투표 (Traffic card vote)

마지막으로 소개할 투표는 신호등카드를 이용한 투표입니다. 신호등 카드는 신호등과 같이 초록, 노랑, 빨강으로 구성된 카드입니다. 본래 투표를 목적으로 만들어진 것은 아니고, 자신의 의사를 색깔로 표현하는 도구로 개발되었습니다. 어떤 제안이나 아이디어에 찬성하면 초록, 반대하면 빨강, 그 중간이면 노랑 카드를 동시에 듦으로써 한 사람도 빠짐없이 자신의 의사를 효과적으로 밝힐 수 있습니다.

신호등 카드를 이용한 투표는 '반대자'의 수를 파악하는 데 효과적 입니다.

링크컨설팅 워크숍 현장에서 활용하는 신호등 카드

만약 5개의 제안이 있고, 각 대안에 대해 참석자들의 지지 여부를 신호등카드로 답변하게 한다면 우리는 초록이 가장 많거나 빨강이 가장 적은 아이디어를 선택할 수 있을 것입니다.

신호등 투표 사례

총 20명	A안	B안	C안	D안	E안
Green	10	8	13	15	7
Yellow	5	12	0	3	3
Red	5	0	7	2	10

위 경우 D안으로 선택하는 것이 가장 합리적일 것입니다. 그러나 만약, 위 사례가 식사메뉴 투표이고 특정 메뉴를 못 먹는 사람을 배려해야 한다면 투표 결과 빨강 카드가 '0'인 메뉴(B안)로 결정하는 것이 좋을 것입니다.

C안의 경우 초록이 13표로 많아보이지만 반대가 7표나 된다는 점에 유의하여 판단해야할 것입니다.

신호등 투표 최종 제안에 대한 발표를 듣고, 모두가 제안에 대한 공감 여부를 신호등카드로 표현합니다.

다중, 중복투표 진행시 4가지 유의점

다중, 중복 투표를 진행할 때 주의점이 있습니다. 아래 내용을 잘 유의
하셔서 진행하시면 좀더 신뢰도 높은 결과를 이끌어 낼 수 있습니다.

1 후보 아이디어에 일련 번호를 붙인다.
  일련번호를 붙이면 "1, 3, 6번 아이디어가 어떻고…"라는 식으로 명확하고 효과적인
  의사소통을 할 수 있습니다.

2 투표기준을 정한다.
  '중요성'을 기준으로 할 지 '효과' 또는 '참신함' 또는 '실행용이성'을 기준으로 할지 기
  준을 먼저 정합니다. 퍼실리테이터가 프로세스를 설계하면서 적절한 기준을 미리 계
  획하고 참석자들에게 제시한 후 문제가 없음을 확인하면 됩니다.

3 투표 계획을 메모하게 한다.
  다중투표나 중복투표를 할 때, 한 번에 여러 개를 선택하여 투표하게 되므로 각자 투
  표할 아이디어의 번호를 메모하여 헷갈리지 않도록 합니다. 또한, 이렇게 하면 다른
  사람의 선택에 영향받지 않고 참석자 각자가 생각한 대로 투표할 수 있게 됩니다.

4 각자 계획한 대로 '동시에' 투표하도록 한다.
  누군가 먼저 스티커를 붙이면 다른 사람들이 영향을 받을 수 있기 때문에 모두가 투
  표계획을 마치면 동시에 투표하도록 합니다.

점스티커 다중투표 사례

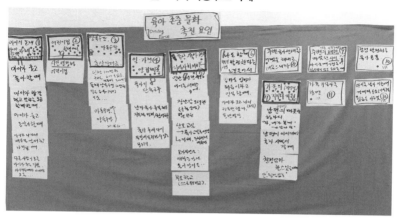

　지금까지 가장 대표적인 투표 방법을 살펴보았습니다. 투표 결과 1등 아이디어는 확실히 선별되었는데 2등부터 4등까지가 동점이고 반드시 Top 3를 선정해야 한다면 동점인 3개를 후보로 재투표해야 할 수도 있습니다. 1등을 가려야 하는데 압도적인 1등이 없다면 역시 재투표를 해야 할 것입니다. 그럴 때는 대체로 간단히 다수결을 적용할 수 있을 것입니다. 아이디어의 순위를 매기기 위한 여러 방식의 순위투표들도 있습니다. 다수결의 단점을 보완한 보르다 투표 등의 다양한 방법에 대해서도 차차 학습을 확대해 가시기 바랍니다.

다양한 분류 방법과 의사결정 평가 기준이 있는데, 퍼실리테이터가 사전 제시하여야 하나요?

네 퍼실리테이터가 제안해줍니다. 그러려면 논의 상황에 대해 퍼실리테이터가 충분히 이해하면서 주제에 따라 어떻게 발산하고 수렴할지를 사전 설계해야 합니다. 예를 들어, "현재 여러분이 고민 중인 이 논의는 빠르게 성과를 내야하는 것으로 알고 있습니다. 따라서 1차 투표 시 '실행용이성'이 높은 아이디어로 범위를 좁히도록 하겠습니다."라고 제시할 수 있습니다. 지금까지 분류 방법이나 의사결정 기준을 참석자가 의견 제기하여 변경한 경우는 손으로 꼽을 만큼 있었습니다. . 물론, 참석자가 의사결정 기준 등에 대해 좋은 의견을 낼 수 있고 필요시 받아들일 수 있습니다. 어떤 상황에서 어떤 기준으로 의사결정하도록 안내할지 미리 고민하는 것은 프로세스 전문가로서 기본적인 책임이지만, 참석자들이 다루는 내용에 대한 전문가가 아니므로, 타당한 제안이 있다면 받아들이는 것이 자연스럽습니다.

그러나, 프로세스 전반에 대해 참석자의 의견을 물어가며 진행한다는 의미는 아닙니다. 전체적인 프로세스는 퍼실리테이터가 설계하고 안내합니다. 만약 프로세스에 대해 자주 참석자들이 개입하고 구체적인 방법을 제시하면서 변형을 요구한다면 퍼실리테이터의 진행에 심각한 불안 또는 불신이 생겼기 때문일 것입니다. 일단, 퍼실리테이터가 제시하는 프로세스의 기획 의도와 다음 단계가 어떻게 이어질 것인지 설명함으로써 계획했던 대로 진행하는 것이 좋습니다.

어떨 때는 좋은게 좋은거다 라는 식으로
뻔한 얘기로 합의되곤 하던데요?

네, 오히려 집단 소통으로 인해 결과물이 질적으로 하락되는 경우가 있습니다. 특히 꼭 해야 할 이야기인데 이런 저런 이유로 참석자들이 눈치를 보는 경우가 그렇습니다. 참석자들이 마음을 열고 솔직하게 참여하지 못하는 것은 특유의 조직문화 때문일 수도 있고, 주제에 몰입할 만큼 워밍업이 잘 안 되었을 수도 있습니다. 참석자 입장에서 마음을 열고 토의에 참여할 수 있는 조건과 분위기를 만들어주는 것이 중요할 것입니다.

무엇보다, 참석자들이 솔직하게 터 놓고 말할 수 없게 만드는 요인을 사전에 발견하고 세심하게 다룰 수 있도록 프로세스 설계 단계부터 조치를 취하는 것이 가장 좋습니다.

20~30명 모여있는 중그룹 워크숍에서 그룹을 어떻게 나누면 좋을까요?

경험상 1명의 메인 퍼실리테이터가 진행할 경우 총 20~30명을 4그 룹 정도로 배치하여 진행하는 것이 적절했습니다. 퍼실리테이터는 모두의 의견을 신경써야 하기 때문에 충분한 집중이 이뤄지려면 그 정도 규모가 적정해 보입니다. (소그룹 경우 1개 그룹당 5명~7명이 좋습 니다. 그보다 적으면 집단 역동성이 떨어지고 많으면 집중해서 토의하기가 쉽 지 않습니다.)

중그룹 이상의 워크숍 경우 먼저 적절한 규모의 소그룹으로 나눌 필요가 있습니다. 그리고 그 소그룹별로 아이디어 도출 워크숍을 진행하게 하여 조별 대안을 도출하게 할 수 있습니다. 예를 들어 조별 5개씩 대안을 찾았다면, 한 쪽 벽면에 그 대안들을 붙여서 모두 볼 수 있게 합니다. (화이트 보드에 포스트잇을 붙이거나, Sticky Wall에 아이디어가 적혀진 A5 크기의 종이를 붙이는 방법도 있습니다.)

★ Sticky Wall : 커다란 천에 점착 스프레이를 뿌린 끈끈한 천으로 종이를 붙였다 뗄 수 있어 중그룹 워크숍에서 많이 활용함

1 지금까지 경험한 여러분의 회의/워크숍의 의사결정 방법은 무엇이었고 어떤 문제
점이 있었나요?

2 이번 Chapter에서 느낀 점과 새롭게 배운 점, 적용하고 싶은 점은 무엇인가요?

CHAPTER

3

실전을 위한
보완 기법

약간 긴장되지만…
보완기법으로 제대로 준비해보자!

강제
연상법

아이디어
검토

의사결정
보완법

"더욱 창의적인 아이디어 창출을 위한 방법이 있을까?
발산된 아이디어들을 검토, 보완할 효과적인 방법은 무엇일까?
우리에게 필요한 다양한 기준을
충족하는 대안을 어떻게 결정하면 좋을까?"

성장 질문 03

내년도 신규 아이템을 결정하는 중요한 회의가 열리게 되었습니다.

다양한 이해관계자들이 모여서 현재 대안 외에 추가 아이디어를 제안해보고

이를 종합 검토할 예정입니다. 그리고 몇 가지 유력 대안 중 실행 우선순위를 결정하려 합니다.

내년도 예산과 과업 우선순위 등이 연결되는 중요한 회의라 역량 있는 진행자를 찾던 중,

최근 K의 팀에서 회의가 잘 되고 있다는 소문이 있어 K가 회의 퍼실리테이션을 맡게 되었습니다.

K는 기대와 우려가 함께 있는 모습입니다. 퍼실리테이션을 통해 좋은 회의를 하고 싶다는

기대도 되지만 구체적인 방법이 고민입니다. "회사의 내일을 결정하는 워크숍인데,

더 좋은 아이디어를 구하고 더욱 탄탄하게 의사결정할 수 있는 방법은 무엇일까?"

K를 도울 수 있는 방법들을 알아보겠습니다.

자유연상을 넘어
강제연상으로!

지금까지 아이디어 도출 워크숍의 기본 프로세스를 알아보았습니다. 한 발 더 들어가보겠습니다. 때로는 지금까지 없었던 독창적인 아이디어 하나가 절실하게 필요할 수도 있고, 지금까지 검토 중인 아이디어를 아주 쓸 만하고 차별화된 아이디어로 변모시켜야 할 수도 있습니다. 아이디어 발산이 마무리되면 수렴단계로 넘어가는데, 수렴단계에서는 돋보기로 관찰하듯이 아이디어 하나하나를 자세히 들여다보며 검토해보아야 할 것입니다. 그러한 과정에서 서로 의견이 달라 갈등을 겪는 으르렁지대(Grown Zone)를 지날 때, 효과적으로 검토, 평가할 토의 도구도 필요합니다.

이번 장에서는 이렇게 기본 프로세스와 기법을 보완하여

실전에 대비할 수 있는 기법들을 알아보겠습니다.

아이디어 발산 단계에서 필수적이지는 않지만 알고 있으면 결정적인 순간에 '비책'이 될 '강제연상법'을 먼저 다루고, 아이디어 검토 기법, 의사결정 보완 기법으로 나누어 살펴보겠습니다.

❶ 랜덤 워드(Random Word), 랜덤 이미지(Random Image)

앞서 2장에서 다룬 아이디어 발산 기법들은 특별한 기제없이, 구성원들이 자유롭게 의견을 발산하도록 장려하는 자유연상법으로 분류되는 것들입니다. 자유연상 만으로 아이디어가 부족하거나, 더욱 창의적인 아이디어가 필요하다면 자유연상을 보완하는 강제연상법을 시도해볼 수 있습니다. 자유연상을 보완하는 강제연상법을 시도해볼 수 있습니다. 강제연상법은 특별한 장치를 추가하여 평소에 쉽게 생각할 수 없었던 아이디어를 '강제로' 연상할 수 있도록 돕는 방법입니다. 강제연상법을 적용한다고 해서 늘 환상적인 아이디어가 나온다는 장담은 못하지만, 자유연상법과는 다른 효과를 가져다 줄 것임에는 틀림없습니다.

강제 연상법 중에도 가장 인기가 있는 랜덤워드(Random Word)부터 알아볼까요?

'영업 실적 개선 방안'을 만드는 중이라고 가정해보겠습니다. 먼저 주제와 상관없고, 누구나 잘 알 수 있는 단어를 하나 생각해봅니다. (랜덤

워드는 방 안에서 바로 발견할 수 있는 사물이나, 그림 주사위 등으로 임의적으로 선정할 수 있습니다.) 만약 '병'을 선정했다면, 이 단어로부터 떠오르는 특징이나 이미지를 나열합니다. '뭔가를 담는다', '투명하다', '라벨이 있다' 등 15~20개 이상 정도 나올 때까지 브레인스토밍을 해봅니다. 이후 아래처럼 〈주제와 연결시키는 질문〉을 생각해봅니다.

▎랜덤워드 수행 예시 ▎

• '병(bottle)'으로부터 '영업실적 향상 방안' 발상하기

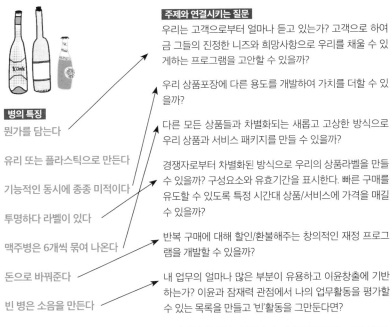

병의 특징

뭔가를 담는다

유리 또는 플라스틱으로 만든다

기능적인 동시에 종종 미적이다

투명하다 라벨이 있다

맥주병은 6개씩 묶여 나온다

돈으로 바꿔준다

빈 병은 소음을 만든다

주제와 연결시키는 질문

우리는 고객으로부터 얼마나 듣고 있는가? 고객으로 하여금 그들의 진정한 니즈와 희망사항으로 우리를 채울 수 있게하는 프로그램을 고안할 수 있을까?

우리 상품포장에 다른 용도를 개발하여 가치를 더할 수 있을까?

다른 모든 상품들과 차별화되는 새롭고 고상한 방식으로 우리 상품과 서비스 패키지를 만들 수 있을까?

경쟁자로부터 차별화된 방식으로 우리의 상품라벨을 만들 수 있을까? 구성요소와 유효기간을 표시한다. 빠른 구매를 유도할 수 있도록 특정 시간대 상품/서비스에 가격을 매길 수 있을까?

반복 구매에 대해 할인/환불해주는 창의적인 재정 프로그램을 개발할 수 있을까?

내 업무의 얼마나 많은 부분이 유용하고 이윤창출에 기반하는가? 이윤과 잠재력 관점에서 나의 업무활동을 평가할 수 있는 목록을 만들고 '빈'활동을 그만둔다면?

★ Michalko·Michael, 《Thinkertoys》, 2007.03.05, Planeta Pub Corp.

그리고 이 연결 질문에 답하며 아이디어를 만들어보는 것입니다. 실제 교육 참석자들이 작성한 예시를 보면 이해가 쉬울 것입니다.

〈한국어를 세계 공용어로 만드는 방법〉에 대해, 랜덤 워드(자석)으로 아이디어를 발산한 사례입니다.

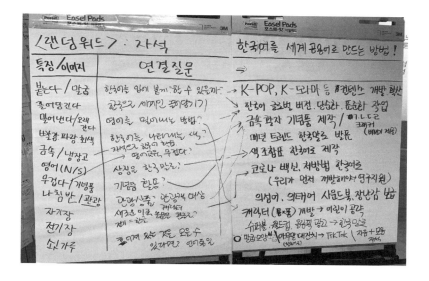

실제 아이디어가 현실화되기 위해서는 상당히 많은 양의 아이디어를 내봐야 할 수도 있을 것입니다. 많은 아이디어 중에 현실적으로 가능하며 목표 달성 효과가 있는 아이디어를 선별하는 과정도 필요할 것입니다. 그런 과정을 통해 한, 두 가지라도 혁신적인 아이디어를 찾을 수 있다면 성공 다만 강제연상법을 쓰기 전에, 자유연상법을 충분히 시도하는 것이 좋습니다. 강제연상부터 시도하면 굳이 그 기법이 아니라도 생각할 수 있는 보편적인 아이디어들이 자연스럽게 먼저 나오기 때문에 기법의 효과를 보기 어렵습니다.

참고로, 단어 대신 무작위로 고른 이미지로부터 연상해나가는 방법을 랜덤이미지 또는 랜덤픽처라고 부릅니다.

❷ 아이디어 빙고 (Idea Bingo)

랜덤워드 만큼 재미있는 강제연상법, '아이디어 빙고'를 소개합니다. 아이디어 빙고 기법은 'stop the bus'라는 아이들의 어휘 학습법(오픈소스로 온라인 상에서 쉽게 검색할 수 있습니다)에서 힌트를 얻고 홀리거의 브레인라이팅 방식을 응용하여 필자가 개발한 방법입니다.

4~6명이 한 개 조를 구성하여 총 2개 조 이상인 경우 가장 잘 작동합니다. 각자가 포스트잇에 아이디어를 적는다는 면에서 브레인라이팅(Brainwriting)으로 분류할 수 있는데, 구성원들이 합심하여 하나의 빙고판을 완성한다는 면에서 '그룹 브레인라이팅'이라고 할 수 있습니다. 참석자들이 예상치 못한 제시어에 따라 발상한다는 관점에서 강제연상 요소가 있습니다. 진행 방법은 다음과 같습니다.

다음과 같이 준비합니다.

- 회의용 차트에 아이디어 빙고판(6×6)을 그립니다. 한 칸의 크기는 포스트잇 한 장이 들어갈 정도면 됩니다.

- 맨 윗줄에는 두 번째 칸부터 아이디어 1, 아이디어 2, ⋯ , 아이디어 5라고 적습니다.

- 맨 왼쪽 줄에는 두 번째 칸부터 1라운드, 2라운드, ⋯ , 5라운드라고 적습니다.

- 각 조(5명 내외로 구성)마다 빙고판 한 장씩 준비합니다.

- 각 참석자는 펜과 포스트잇 여러 장을 들고 아이디어 적을 준비를 합니다.

	아이디어 1	2	3	4	5
1라운드					
2라운드					
3 라운드					
4 라운드					
5 라운드					

- 한 라운드에 총 5개의 아이디어를 내야 함

- 총 5라운드 진행

- 각 라운드마다 아이디어에 반영해야 하는 제시어(제약조건)가 있을 것임

- 제시어를 고려한 아이디어가 떠오르면 포스트잇에 적어 한 칸을 채울 것

- 1인당 아이디어 한 개가 아니라 한 사람이 여러 개 아이디어를 내도 됨. 팀원들이 합심하여 5개 칸을 최대한 빨리 채워야 함

- 단, 앞서 붙여진 종이에 어떤 내용이 적혀 있는지 빠르게 보고 같은 아이디어는 붙이지 않음

- 5칸을 다 채우면 모두 함께 "빙고!"를 외침

- 어느 팀에서 "빙고!"를 외쳤다면 아직 칸을 채우지 못한 나머지 조 모두 더 이상 붙이지 않고 그대로 멈추어야 함

진행하기 위의 안내를 마치면 다음과 같이 진행합니다.

- 아이디어 주제를 제시합니다. (예 : 새로운 온라인 게임 개발하기)

- 1라운드 : 첫 번째 제시어 '등산'과 관련한 게임 아이디어를 조원들과 협력하여 5개 내도록 합니다.

- 빙고를 외치는 팀이 있으면 그 즉시 라운드를 종료하고 빙고를

외친 팀에 점수를 줍니다. (점수를 주는 규칙은 상황에 따라 다양하게 만들어도 좋습니다)

- 2라운드 제시어는 '음악', 3라운드 제시어는 '운동/헬스', 4라운드 제시어는 '독서', 5라운드 제시어는 '영화감상' 등으로 각 라운드 마다 다른 제시어를 준비하여 진행합니다.
- 5라운드를 마치면 가장 점수가 높은 조에 간식 선물을 하는 등의 세레모니를 한다면 더욱 화기애애하게 세션을 마칠 수 있습니다.

이 기법은 발상 주제에 적합한 제시어를 5개 준비해야하는 어려움이 있지만, 잘 준비한다면 아주 짧은 시간에 에너지를 확 끌어올리며 참석자들을 몰입시킬 수 있는 매우 좋은 방법입니다. 발상 주제에 따라서는 랜덤워드 방식대로 단어를 무작위로 골라 제시할 수도 있을 것입니다. 만약 위에서 제시한 '등산', '음악' 등의 제시어가 '한국인이 가장 좋아하는 취미'였다면 참석자들은 자연스럽게 소비자들의 취미를 고려한 아이디어를 내는 효과를 볼 것입니다. 저는 종종 유엔 연구자들이 해마다 발표하는 글로벌 트렌드를 활용하곤 합니다.

이 기법을 실제 적용해보자, 의도하지 않았던 장점이 발견되었습니다. 다른 조보다 빠르게 다섯 칸을 채워야 하기 때문에 참석자들은 떠오른 아이디어를 다른 사람들이 어떻게 생각할지 '자기검열'할 여유가 없습니다. 브레인스토밍 4대 규칙 중 가장 지키기 어려운 '자유분방(엉뚱한 아이디어 장려)' 규칙을 자연스럽게 지키게 되는 것입니다. 물론 너무 빠르게 아이디어를 내다보니, 아이디어의 질을 담보하기 어렵다는 단점도 있습니다. 5라운드를 모두 마친 후 조별로 각자가 낸 아이디어를 하나하나 다시 설명하며 필요시 아이디어를 추가하는 '회고' 과정을 통해 보완할 수 있습니다.

❸ 다중 조합법

그 외 아이디어 발산 관련 보완 기법으로 〈다중 조합법〉도 아래처럼 간략히 소개 드립니다. 특정 상품을 개발할 때 구성요소별로 브레인스토밍 한 후 조합해보는 방법입니다.

‖ 다중 조합법 ‖

예) 신개념 햄버거를 개발한다면,

주재료(패티)	빵의 재료	풍미	빵 색깔
소고기	일반 밀가루 빵	카레 맛	일반 빵 색깔
닭고기	쌀 빵	바비큐 맛	검정색
참치	어묵 빵	달콤한 마요네즈	보라색
오리고기	감자 빵	짜장 맛	초콜릿 색
콩고기	옥수수 빵	간장소스 맛	겨자색
⋮	⋮	⋮	⋮

아이디어 검토를 위한
6Hats!

아이디어 발산 후, 각 아이디어들의 특징이 무엇인지, 쓸모 있는 아이디어로 만들 방법이 무엇일지 검토할 필요가 있습니다. 이 때 사용하는 기법으로 여섯색깔모자 기법 (6Hats)을 소개합니다.

1 여섯 색깔 모자?

아이디어를 평가할 때가 되면 판단의 기준이 달라 갈등이 생길 수 있습니다. 하나의 안을 보고 누군가는 '매우 실용적인 아이디어'라 하고 누군가는 '실용성이 매우 떨어진다'고 할 수 있습니다. 어떤 관점으로 보느냐에 따라 모두 맞는 말일 수도 있는데, 동시에 얘기하니 서로 의견이 다른 것처럼 보이게 됩니다. 〈생각이 솔솔~ 여섯 색깔 모자〉의 저자 에드워드 드 보노는 생각하는 것의 가장 큰 어려움은 혼란에 있다고 합니다. 우리는 너무 많은 것을 한꺼번에 알려고 하기 때문에 머리 속이 복잡해진다는 것입니다. 그래서 '한 번에 한 가지만 생각'하는 것을 강조합니다.

에드워드 드 보노는 토의 관점을 흰색, 빨강, 노랑, 검정, 초록, 파랑의 여섯 색깔 모자로 나누었습니다. 어느 한 가지 모자를 쓴다는 것은 어떤 한 가지 관점만 생각한다는 것을 의미합니다. (실제 모자를 쓰는 것은 아니며 '모자'는 관점이나 역할을 의미합니다.) 이를 통해 참석자들이 당면한 문제에 대해 평상시 입장이 아닌 전혀 다른 측면에서 생각해 볼 수 있습니다. 퍼실리테이터는 여섯 색깔 모자 사고 기법을 통해 이런 과정을 쉽게 안내할 수 있습니다. 특히 발산된 아이디어를 검토하거나 보완할 경우 유용합니다.

보노 박사의 책 "생각이 솔솔~~ 여섯 색깔 모자 기법"에서는 각 모자 별로 우리가 던질 수 있는 질문을 아래와 같이 소개하고 있습니다.

Facts - just collecting facts

Brightness & optimism -
positiveness, value & benefits

Caution & criticalness -
reasons of why something
may not work
Do not overuse!

Possibilities & creativities -
new ideas, concepts
& perceptions

Reviewing your thinking process -
making sure all hats
have been used

Feelings, hunches & intuition -
allowing your feelings come in e.g.
happy, terrible, impossible...

http ://ozjoe.com/six-thinking-hats-by-edward-de-bono/

하얀 모자 : 객관적인 정보 공유(중립적 객관적 사실, 숫자, 정보)

"우리가 갖고 있는 정보는 무엇인가?"

"우리는 어떤 정보를 필요로 하는가?"

"우리는 어떻게 필요한 정보를 얻을 것인가?"

빨간 모자 : 예감/직감/느낌/감정/막연한 의견

"이 의견에 대해 어떤 느낌이 드십니까?"

"이 사람이 그 일에 적합한 사람이라는 느낌이 듭니다"

"이 일은 위험 부담이 있는 모험이라고 느껴집니다."

"그 아이디어는 가능성이 많을 것 같은데요?"

노란 모자 : 장점/긍정적 가능성

"그 제안의 긍정적인 가치가 무엇인가?"

"어떤 상황에서 가치가 있는가?"

"그 가치는 어떻게 구체화 될 수 있으며 또 다른 유용한 가치는 없는가?"

검은 모자 : 주의/경고/단점/리스크/부정적 파급 효과

"우리가 이렇게 행동하면 무슨 일이 생길까?"

"무엇이 잘못 될 수 있을까?"

"잠재적인 문제점들은 무엇인가?"

초록 모자 : 창의적 대안

"전혀 다른 방법으로 해볼까요?"

"새로운 대안을 찾아봅시다."

"개선 방안은 무엇입니까?"

파란 모자 : 사고 과정의 순서를 짜는 일, 다른 모자들의 사용을 통제하는 일, 진행에 대한 의견, 결정 촉구

- 회의는 파란 모자가 상황을 정의하는 것으로 시작한다.

- 파란 모자는 회의의 방향을 설정하고, 회의의 목적과 결과물을 미리 정하기도 한다.
- 회의가 진행되는 중에는 질서를 잡고 모자를 바꿔 쓰자고 제안한다.
- 파란 모자는 회의 주재자, 의장, 혹은 리더이다.

파란색 모자의 경우 진행 과정에 대한 사고를 의미하므로 흔히 '퍼실리테이터의 모자'라고도 불리지만 실제 워크숍에서 드물게 참석자들과 함께 쓸 때가 있습니다. 워크숍 종료를 앞둔 시점에서 우리가 목표산출물을 도출하기 위한 토의를 잘 하고 있는지, 이대로 워크숍이 종료되어도 괜찮은지 참석자들과 함께 생각해볼 필요가 있다고 판단되는 경우, 참석자 전원 또는 일부에게 물어볼 수 있습니다. 마치 하늘 높은 곳에서 전체 상황을 조망한다는 뜻에서 이러한 과정을 '헬리콥터 리뷰'라고 하는데, 참석자들과 파란색 모자를 나누어 쓰는 것이라고 볼 수 있습니다.

② 활용방법

모자를 쓰는 순서나 활용 방법에 대한 정답은 없습니다. 우선, 각 색깔의 관점에서 생각해볼 수 있도록 참석자들에게 질문을 던지는 방법을 생각해볼 수 있습니다. 만약 신제품 후보 아이디어 5개를 검토

중이라면, 각 색깔의 관점에 따라 다음과 같이 질문해볼 수 있습니다.

질문 예시

White : 신제품으로 몇 가지 상품에 대한 아이디어가 나왔네요. 현
　　　 재 단계에서 소비자에게 이 상품의 내용을 어떻게 설명하
　　　 시겠습니까?

Red : 직관적으로, 소비자가 가장 좋아할 것 같은 상품은 어떤 것
　　　 일까요? (편하게 대화)

Yellow : 이 제품의 장점은 무엇일까요? 이 제품이 세상에 나왔을
　　　 때 세상에 미칠 긍정적인 파급효과가 있다면 무엇일까요?

Black : 이 제품의 단점, 리스크, 부정적 파급 효과는 무엇일까요?
　　　 (참고로 Yellow와 Black을 함께 논의할 때는 Yellow를 먼저 논의
　　　 하시길 추천합니다.)

Green : (장점을 지키고 강화하면서도) 단점을 보완할 수 있는 대안은
　　　 무엇이겠습니까?

Blue : 기존의 아이디어들을 검토하고 보완해보았습니다. 이 중에
　　　 서 주력 상품으로 개발할 첫 번째 상품을 정한다면 무엇일
　　　 까요?

누군가 또는 많은 참석자들이 계속 부정적인 관점에서 비판을 한

다면, 일부러 노란 모자를 쓸 수 있도록 즉, 긍정적인 면부터 생각해 보도록 안내할 수 있을 것입니다. 때로 자신들이 낸 아이디어가 너무 좋아서 다들 노란 모자만 쓰고 있다면 일부러 검정모자를 씀으로써 현실적인 판단을 할 수 있도록 도울 수도 있을 것입니다. 아주 가끔, 참석자들의 우려가 커 보이는 순간이 있다면, 본격적으로(?) 검정모자를 쓰도록 하고 모든 우려를 편하게 꺼내 놓도록 하는 것도 방법입니다.

어떤가요, 더 다양한 방법이 머릿속에 그려지나요? 정답이 없으므로 나만의 방법으로 시도해봐도 좋겠습니다. 다만, 토의 방법이 불필요하게 복잡한 것은 좋지 않습니다. 그리고, 심리학자들의 주장에 따르면 일반적으로 부정적인 생각을 하고 난 후에는 긍정적인 사고로 전환이 잘 안 된다고 합니다. 따라서 노란 모자와 검정 모자를 함께 사용할 때 노란 모자를 먼저 사용하는 것이 좋다고 할 수 있습니다.

더 탄탄한
의사결정을 위하여!

03

① Meta-decision : 의사결정 방법 결정하기

퍼실리테이터가 하는 일의 큰 부분은 어떤 식으로 의사결정하도록 할 것인지를 판단하는 일입니다. 사안의 경중이 어떠한지, 최종의사결정권이 누구에게 있는지, 의사결정에 필요한 참석자는 누구일지, 이미 워크숍에 참석자가 정해져 있다면 그 참석자들에게 주어진 권한 수준은 어떠한지 등에 따라 최적의 의사결정 방법과 과정을 설계합니다.

리더에게 또는 조직에 정해 놓은 답이 있고 구성원들의 의견에 따라 결론을 바꿀 사안이 아니라면 워크숍의 주제가 될 수 없습니다. 그러나 워크숍을 의뢰한 고객을 상담하다 보면 사실상 조직이 정해 놓은 답이 있는 경우를 만나게 됩니다. 차라리 의사결정 결과를 구성원들과 정확하게 공유하고 구체적인 추진 방안이나 각 단위 조직에서 실천할 사항에 대해 토의하는 것이 합리적일 것입니다.

의사결정하는 데 전문성이 요구되거나, 결과에 대한 중대한 책임이 요구될 때에도 비슷합니다. 중대한 경영적 판단을 구성원의 투표로 할 수는 없습니다. 모두가 머리를 맞대어 더 좋은 방안을 낼 수 있다 하더라도 제대로 토의할 시간이 절대적으로 부족하다면 이 역시리더나 책임자가 우선 의사결정할 수 있어야 합니다. 실제로 한 조사에 의하면 구성원들의 리더에 대한 큰 불만 중 하나가 '리더의 의사결정력'이라고 합니다. 리더가 의사결정에 서툴수록 구성원들은 불안할 수도 있고 업무의 갈피를 잡지 못해 스트레스를 받을 수 있을 것입니다.

정해진 답이 있을 때 전문성을 요하는 사안에 대해 시간이 매우 촉박할 때	정해진 답이 없을 때 다수의 판단과 참여가 중요할 때 시간이 충분할 때
책임자의 빠른 의사결정 및 정확한 전달이 효과적	이해관계자들의 토론 및 합의를 위한 퍼실리테이션이 효과적

즉 모든 의사결정 과정에서 퍼실리테이션이 필요한 것이 아닙니

다. 정해진 답이 없거나, 다수의 판단과 참여가 중요할 때 그리고 시간이 촉박하지 않을때 이해관계자들의 토론 및 합의를 위한 퍼실리테이션이 효과적일 것입니다. 논의 과정은 길어질 수 있으나 집단의 주도적인 결정으로 실행력은 빨라질 것입니다. 물론, 전문성이 요구되는 사안이라도 한 두 사람의 전문가가 결정하기 어렵고 다방면의 검토가 필요하다면 적정 수의 전문가들이 모여 워크숍을 할 수도 있겠습니다.

이와 같은 원리에 따라 의사결정 권한을 누구에게 부여할지 구분할 수 있고, 참석자들에게 주어진 권한의 수준에 따라 의사결정 방법을 4단계로 나누어 판단해볼 수도 있습니다. 리더나 책임자가 단독으로 결정하거나 구성원의 의견을 참고하여 리더(책임자)가 의사결정할 사안이 있습니다. 앞서 "리더의 페르소나"에서 설명했듯이, 리더가 독재적으로 의사결정하는 것이 꼭 나쁜 것은 아닙니다. 구성원들에게 더욱 큰 권한이 주어진다면, 구성원들이 토의를 통해 제안을 만들어 내고 리더에게 최종 승인을 받거나 만들어 낸 다수의 제안 중에 어떤 것을 실행할지 리더가 정하는 방법도 있습니다. 또 어떤 사안은 워크숍에서 참석자들이 최종 의사결정까지 할 수도 있습니다.

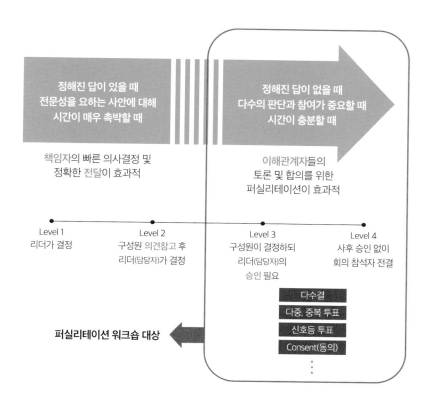

이렇게 볼 때 3, 4단계의 경우가 퍼실리테이션의 대상이 된다고 볼 수 있습니다. 그리고 이 단계에서 사안의 중요도 등을 고려하여 다수결, 신호등 투표, 다중/중복 투표 등을 통해 의사결정을 할 수 있습니다. (전문 퍼실리테이터 경우 Level 2의 구성원 의견 수렴 과정도 참여적 방법으로 진행할 수 있습니다.)

GE의 혁신방법론이자 문제해결 워크숍 방법론으로 잘 알려진

Workout™ 경우 실무자들이 퍼실리테이션 회의를 통해 실천방안을 제안하면 최종 의사결정권자가 즉석에서 채택여부를 결정하는데, 이 경우가 Level 3에 해당합니다.

어떤 방법이 꼭 좋다고 말할 수는 없습니다. 다만 누구에게 어떤 수준의 권한이 주어진 사안인지 회의 참석자에게 설명할 수 있어야 하고 쉽게 납득할 수 있으면 됩니다. 만약 팀장 주재의 회의에서 별다른 설명없이 "자 모두의 의견을 모아 봅시다"라는 말로 회의를 시작한다면 참석자들은 아마도 최소한 3단계 정도의 사안으로 짐작할 것입니다. 그런데 팀장의 의도는 단지 의견을 들어보려는 것이었고, 참석자들의 의견을 한 번씩 들어 본 후 "네, 여러분들 의견 잘 알겠습니다. 이제 제가 결정해서 보고 올리겠습니다."라고 한다면 참석자들은 어리둥절할 수 있습니다. '이럴 거면 왜 물어봤나?' 하고 말입니다. 차라리 처음부터 '본부장님께 보고할 일이 있는데, 어차피 팀장으로서 제가 결정할 것이지만 여러분들의 의견과 관점이 궁금합니다. 의견을 주시면 도움이 되겠습니다.'라고 했다면 문제가 없었을 것입니다.

이렇게 Meta-decision에 따라 회의/워크숍 설계와 진행이 달라집니다. 리더의 단독 결정사항이 아니라고 판단했다면 구성원들에게 무엇을 어떤 식으로 결정할지 정해야하는 것입니다. 사안의 경중에 따라서는 다수결로 정할지, 다중투표를 적용할지, 한 사람 한 사람에게 동의(Consent) 여부를 물어볼 지 등을 결정해야 합니다.

어떤 기준으로 투표할지를 결정하는 것도 의사결정 방법을 설계하는 일에 포함될 수 있습니다. 여러분은 대통령 선거에 한 표를 던질 때 어떤 기준을 가지고 투표하십니까? 투표를 할 때는 기준이 필요합니다. 나 혼자 투표소 가서 투표할 때는 한 가지든 두 가지든 그 이상이든 내 나름대로 기준을 정하여 투표하면 그만이지만, 그룹의사소통은 공통의 기준과 방법이 필요합니다. 이해관계자들의 그룹 토의에서 매우 활용도가 높은 의사결정 방법에 대해 알아보겠습니다.

❷ 매트릭스를 이용한 대안 평가

아이디어 도출 워크숍의 4단계 프로세스(발상 – 분류 – 제목 – 의사결정)에서 의사결정 방법으로 대표적인 투표기법 4가지를 소개하였습니다. 특히 다중투표와 중복투표에서 '투표 기준'을 정해야 함을 언급한 바 있습니다. 이 때 투표기준은 가장 중요한 것 한 가지 정도로 정합니다. 예를 들어 '참신함', '효과', '시급도' 등의 기준을 정할 수 있습니다. 만약, 동시에 두 가지 기준을 고려해야 한다면 어떻게 할까요? 물론 마음 속으로 두 가지 기준을 동시에 충족할 것 같은 아이디어를 직관적으로 선택, 투표할 수도 있겠지만, 더욱 신뢰도 높은 결과를 얻기 위해 2×2 매트릭스를 종종 활용합니다.

가장 잘 알려져 있는 페이오프(Pay-off, 노력-효과) 매트릭스는 효과 및 노력의 크기라는 2가지 기준으로 구분하여 대안의 우선순위를 파악하는 방법입니다. '노력'의 경우 이 대안을 실행하기 위해 투입되는 노력이라는 뜻인데 '실행용이성'이라는 말로 바꾸면 매트릭스를 이해하기 좀더 쉬울 것입니다. 아래의 왼쪽 그림처럼 대안들을 배치해보았을 때 효과와 실행용이성이 제일 큰 대안(가장 쉽게 실행할 수 있으며 효과도 큰 대안)이 가장 높은 평가를 받게 됩니다. 종종 조직에서 어떤 일을 추진할 때 단지 시급한 일보다는 중요하고 시급한 일, 시급하지 않지만 중장기적 관점에서 중요한 일이 무엇인지 검토해보아야 할 때가 있습니다. 그럴 때는 평가 지표를 중요도와 시급도로 하여 매트릭스에 배치해 볼 수 있겠습니다.

2가지 지표를 이용한 대안 평가

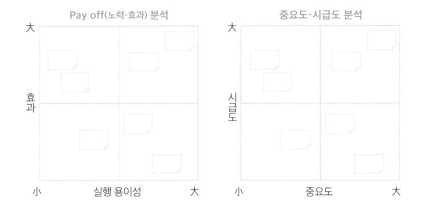

평가지표는 대안들의 특성에 따라 다양하게 사용할 수 있습니다. 어떤 지표를 이용할 것인지는 퍼실리테이터가 프로세스 설계 과정에서 1차로 정하고 스폰서(워크숍을 개최/의뢰한 사람, 워크숍의 결정사항이 추진되도록 지원하는 최종의사결정권자)와 상의하여 확정할 수 있습니다. 이렇게 결정한 판단 기준을 워크숍 현장에서 참석자들에게 제시하고 혹시 기준에 결함이 있는지 최적의 다른 기준이 있는지 확인합니다. 결정적인 이견이 없다면 정한 기준대로 아이디어 평가를 진행합니다.

단, 매트릭스를 이용할 때 서로 상관관계가 있는 두 가지 지표를 선정하지 않도록 주의해야 합니다. 예를 들어, '비용'과 '실행 용이성'의 경우 비용이 커지면 실행용이성은 낮아지는 상관관계가 있으므로 굳이 매트릭스에 배치해볼 필요가 없을 것입니다.

페이오프 분석을 통해 최종 검토 중인 아이디어를 매트릭스에 배치해보는 상황이라면 실제 어떤 식으로 진행할 수 있을까요?

브레인스토밍을 통해 1차 선정된 사업 아이템 5가지 중 투자 순위를 결정하는 회의를 한다고 가정해보겠습니다. 최종 평가를 위한 정보 파악을 위해 각 아이템들의 효과성(사업성)과 실행 용이성에 대한 토의가 사전에 필요할 것입니다. 1번 아이템에 대해 사업성이 좋다고 생각하는 이유, 좋지 않다고 생각하는 이유를 토의하고 2번, 3번, 4번, 5번에 대해서도 토의해보면서 서로의 정보와 의견을 교환한다면 훨씬 탄탄한 의사결정을 할 수 있을 것입니다.

정성 평가에 의한 배치 방법

- 차트에 4분면을 그리고 X축과 Y축에 평가지표를 써 넣습니다.
- 평가할 대안의 내용(제목)들을 하나씩 포스트잇에 적어 둡니다.
- 참석자 간 가볍게 대화를 나누며 실행용이성이 낮은 것에서 높은 것까지 비교(상대평가)하여 등간격으로 붙입니다.
- 각 대안의 예상되는 효과만큼 수직으로 이동합니다. 이렇게 하면 각 대안들을 상대 비교하여 평가할 수 있습니다.

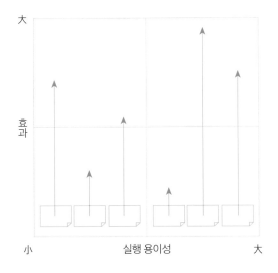

실행용이성과 효과를 숫자로 정량 평가한다면, 실행용이성 점수를 X좌표, 효과 점수를 Y좌표 삼아 매트릭스에 배치해볼 수 있을 것입니다. 보다 정밀하게 의사결정해야 할 경우에 활용합니다. 여러분이라면 어떤 식으로 좌표의 숫자를 도출하시겠습니까?

한 연구자가 혼자 평가하는 것이라면 나름의 방법으로 각 아이디어의 실행용이성 점수와 효과 점수를 산출할 수 있을 것입니다. 그룹 토의에서는 각자가 각 아이디어에 몇 점씩 줄 것인지 점수로 평가하여 합산하는 방법이 가능할 것입니다.

매트릭스에 배치한 결과는 어떻게 해석하면 될까요?

효과도 좋고 실행용이성도 높은 대안이 우선 실행 대상이 될 것입니다. 효과는 다소 낮으나 실행용이성이 좋은 대안이라면 고민없이 실행하면 됩니다. 효과가 상대적으로 낮다는 것이지 없다는 뜻이 아님을 유의하세요. 실행하기는 어려우나 실행했을 때 매우 큰 효과가 예상된다면, 장기 플랜으로 대비하는 것이 좋을 것입니다. 효과와 실행용이성을 모두 낮게 평가한 대안이라면 과감하게 버리거나 가장 후순위로 처리해야할 것입니다.

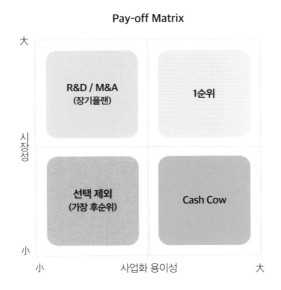

만약 엇비슷한 위치에 여러 개의 아이디어가 배치되는 경우 우선순위를 정하려면 어떻게 해야 할까요? 이 때는 어떤 평가지표가 더 중요한가를 구성원이 합의해서 결정하면 됩니다. 시장 선점을 위해

당장 출시하는 것이 중요하다면 상대적으로 비용이 적게 들거나 이미 가진 기술력으로 해결할 수 있는 아이디어 즉, 실행용이성이 높은 아이디어를 선택할 수 있을 것입니다.

"3개 이상의 지표와 가중치를 이용한
대안 평가는 어떻게 할 수 있나요?"

대부분 회의나 워크숍에서는 2개 이하의 지표로 평가하는 것이 보통입니다.

지표가 3개 이상으로 늘어난다고 해서, X, Y축 외에 Z축까지 고려해 입체적 비교하기는 어려울 것입니다. 이런 경우 '의사 결정 매트릭스'라는 방법을 사용해볼 수 있습니다. 간단히 말해, 각 대안의 평가지표별 점수를 매기고 합산 점수가 높은 순으로 결정하는 방법입니다. 단순히 점수를 매기고 합산하는 것으로 의사결정할 수도 있지만, 지표 간에도 더 중요한 지표 덜 중요한 지표로 명백히 나누어 진다면 '가중평가'까지 해 볼 수 있습니다.

예를 들어, 꾸준히 성장 중인 어느 제조업체에서 전사적자원관리 시스템(ERP)을 도입하기 위해 3개의 ERP상품을 비교검토한다고 가정해보겠습니다. 구매가격, 기능, A/S(기술지원) 등 총 3가지 평가지표에 의한 매트릭스를 상정해볼 수 있습니다.

가중평가의 5단계 프로세스

1 평가 기준 정하기 : 3~5개의 기준을 정함. 각 기준이 고유하고 겹침이 없도록 주의

2 기준에 대한 가중치 정하기 : 각 기준의 상대적 중요도를 H/M/L로 표기함

3 대안에 점수 부여 : 각 기준 별로 가장 좋은 대안에 최고점 부여 (ex : 10점) → 다른 대안에 상대 점수 부여

4 점수에 가중 적용 : 가중치 H/M/L에 점수를 부여하고 (ex : 4/2/1) 대안 별 점수 집계

5 가장 높은 점수를 얻은 대안 선택

　　퍼실리테이터는 먼저 아래와 같은 의사결정 매트릭스를 차트에 작성합니다. 브레인스토밍과 투표를 통해 차량 가격, 유지비, 수납 공간이 평가 지표로 선정되었다고 가정하겠습니다. (위 5단계 중 1단계까지 적용한 도표입니다.)

의사결정 매트릭스

아이디어 평가지표	A안		B안		C안	
	점수	가중 점수	점수	가중 점수	점수	가중 점수
가격						
유지비						
기술지원						
…						
합계						

그림과 같이 검토 중인 대안과 평가지표를 적어 평가양식을 준비합니다. 가장 중요하게 생각하는 지표가 무엇인지 참석자들와 논의하여 중요도에 따라 High, Middle, Low로 표시합니다.

그리고 각 기준별로 가장 좋은 대안에 최고점 (예 : 10점)을 부여하고 이를 기준으로 다른 대안에 상대 점수를 부여합니다. 즉, A안의 구매가가 가장 낮다면 10점을 부여하고, B와 C에 대해서는 A와 비교하여 조금 비싼 정도인지 많이 비싼 정도인지 판단하여 더 적은 점수를 부여합니다.

아이디어 평가지표		A안		B안		C안	
		점수	가중 점수	점수	가중 점수	점수	가중 점수
가격	H	10		4		7	
유지비	M	10		2		6	
기술지원	L	7		10		5	
···	H						
합계							

평가지표에 따라 대안별 점수를 모두 배분하였다면 H/M/L에 가중치를 부여합니다. 만약 4/2/1점 척도를 사용할 경우, H에 4점, M에 2점, L에 1점의 가중치를 적용합니다. 가장 중요한 지표가 다른 두 지

표보다 월등히 중요하다면 9/3/1점 척도를 사용하기도 합니다. A안의 경우, 구매가 점수 10점에 4를, 기능 점수 10점에 2를, 기술지원 점수에 1을 곱한 값을 합하면 최종 점수가 67점이 됩니다. A안이 67점으로 가장 높으니, ERP 시스템은 A제품으로 결정하면 되겠네요.

평가지표	아이디어	A안		B안		C안	
		점수	가중 점수	점수	가중 점수	점수	가중 점수
가격	H(×4)	10	40	4	16	7	28
유지비	M(×2)	10	20	2	4	6	12
기술지원	L(×1)	7	7	10	10	5	5
...	H						
합계			67		30		45

정량 평가 방법으로 논의를 이끌어 갈 때 주의할 점이 있습니다. 참석자들이 '좀 더 정확하게 늪'에 빠져 신경이 예민해지며 점점 더 정확한 근거를 요구하는 것입니다. 그러나, 인간의 의사결정에서 주관성을 배제할 수 없다는 점을 잘 이해한다면 '얼마나 정확하게 산출된 숫자인지'보다 '이것이 현재 우리의 중론'인 점을 인정하고 다음 단계로 나아갈 수 있을 것입니다.

실제로 이러한 의사결정 매트릭스는 드물게 사용되는 편입니다.

숫자의 정확성에 연연하는 부작용이 있을 수 있고, 중요한 의사결정의 경우 점수의 근거가 되는 데이터가 필요할 수 있습니다. 그러나 어떠한 이유로 몇 개의 대안이 대립되어 합의가 잘 안 된다면 이 방법이 돌파구가 될 것입니다.

1 지금까지 경험한 여러분의 회의/워크숍에서 '강제연상법/여섯색깔모자를 이용한 검토/Meta-decision/페이오프 분석 등을 사용하였다면 좋았을 것 같은 순간이 있었나요? 혹시 그 때 어떤 문제가 있었고 어떻게 진행되었나요?

2 이번 Chapter에서 느낀 점과 새롭게 배운 점, 적용하고 싶은 점은 무엇인가요?

CHAPTER 4

퍼실리테이터의 커뮤니케이션 기본기

"L이 진행한 회의는 뭔가 논의가 자연스럽고
정리가 되는 느낌이야. 비결이 뭘까?

성장 질문 04

K가 진행하는 회의는 점점 더 재미있고 효과적으로 변해가고 있습니다. 팀원들의 몰입도가 높아졌고
결과물도 좋아졌습니다. 이러한 과정에서 K도 다른 회의에 참석할 때 좋은 회의와
그렇지 못한 회의를 분별하게 되었습니다. 동시에 사내에 회의 고수들이 있다는 것도 알게 되었습니다.
특히 지난 주 참여한 회의에서 L의 진행이 참 인상 깊었습니다. 사안이 복잡하여 참석자들도
혼란스러웠는데, L이 관여하니 뭔가 논의가 자연스럽고 정리가 되어가는 것이었습니다.
마치 예전 보았던 TV 토론에서 능숙하게 진행하던 유명 사회자를 보는 느낌이었습니다.
K는 퍼실리테이션의 프로세스와 기법을 배웠지만 현장 진행에 관련해서는
뭔가 부족함을 느끼던 차였는데 좋은 롤모델을 만난 것 같습니다.
L의 진행 비결은 뭘까요? 함께 알아보겠습니다.

아이디어 도출이나 의사결정 등의 기법을 잘 알고 있는 만큼 논의 품질이 좋아질 것입니다. 그런데, 이러한 모든 것이 결국 '사람과 사람 사이의 소통'을 이끌어 가는 일이므로 잘 듣고 말하기 위한 '기본기'가 바탕이 되어야 합니다. 어쩌면 가장 기본이 되는 소통의 스킬을 익히는 것이 다른 퍼실리테이션 스킬을 학습하는 것보다 우선되어야 한다고 볼 수도 있습니다. 이 훈련이 잘 되어 있는 TV 토론 진행자들은 포스트잇 없이도 논의를 잘 이끌어 갑니다. 물론, 자막으로 소통을 도와주기도 합니다. 그럼, 가장 기본이 되는 5가지 커뮤니케이션 기본기에 대해 알아보겠습니다.

5가지 퍼실리테이터의 커뮤니케이션 기본기

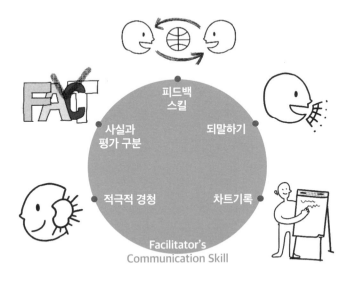

적극적 경청
(Active Listening)

잘 듣지 않고 타인의 의사소통을 도울 수는 없습니다. 일반적으로 사람들은 누군가의 말을 한 번에 완벽하게 이해하지 않습니다. 들었으나 관심이 없어서 반응 없이 무시해버리는 경우도 있고, 듣는 척만 할 수도 있으며, 관심 있는 내용만 선택적으로 들을 수도 있습니다. 특히 회의/워크숍 참석자의 입장이라면 아이디어에 골몰해 있거나, 잠시 다른 생각을 할 수도 있으며, 말 한 사람의 의도와 다르게 이해할 수도 있습니다. 또한 각자 듣고 받아들이는 정도도 다릅니다. 따라서 퍼실리테이터는 잘 듣고 이해함으로써 맥락을 놓쳤거나 순간 발언자의

발언 내용을 이해하지 못한 참석자가 없도록 핵심 의미를 전달해 줄
수 있어야 합니다.

듣기의 5단계

적극적 경청의 의미
- 집중해서 들음으로써 놓치지 않고 말하는 바를 이해하며 기억할 수 있도록 듣는것
- 퍼실리테이터는 참석자들이 말할 때, 나의 말을 멈추고 모두 들을 수 있어야 함

　　적극적 경청은 '집중해서 들음으로써 놓치지 않고 말하는 바를 이
해하며 기억할 수 있도록 듣는 것'입니다. 퍼실리테이터라면 적극적
경청이 가능해야 합니다. 모두의 의견이 중요하다는 퍼실리테이션의
철학처럼 퍼실리테이터는 참석자들이 말할 때, 나의 말을 멈추고 '모
두' 들을 수 있어야 한다는 뜻입니다.

　　한편 공감 경청은 상대방의 입장이 되어 감정을 함께 느끼며 듣는
것입니다. 상대방이 안타까운 사연을 이야기하면 함께 안타까운 마

음이 들고, 즐겁고 신나는 이야기를 하면 나도 함께 신나는 감정을 느끼며 듣는 것입니다. 개인적인 대화에서는 공감경청을 잘 해주는 것이 매우 중요하겠지만 퍼실리테이터에게 꼭 요구되는 수준은 아닙니다. 어떤 참석자가 슬픈 사연을 말하며 눈물을 흘린다고 해서 퍼실리테이터가 함께 슬픈 마음을 나누는 데 방점을 찍는다면 흐름을 놓칠 수 있고 다른 참석자들이 불편할 수도 있습니다. "슬프고 어려운 일이 있으셨군요. 저도 유감입니다. 잘 마음을 추스리시길 바라겠습니다. 필요하시다면 잠시 밖에서 시간을 가지셔도 좋겠습니다." 등의 멘트로 정리하여 감정에 너무 빠져들지 않고 토의를 이어갈 수 있도록 하는 것이 좋습니다.

경청은 어떻게 잘 할 수 있을까요? 사람은 태생적으로 경청하기가 어렵다는 주장이 있습니다. 이 주장의 근거는 듣고 이해하는 속도와 말하는 속도가 다르다는 사실입니다. 통상 분당 말하는 속도는 200~300단어, 듣고 이해하는 속도는 약 400~800 단어라고 합니다. 즉 듣고 이해하는 속도가 빠르기 때문에 말하는 사람의 말이 끝나기 전에 미리 예측하거나 딴 생각을 하기 쉽습니다. 그래서 경청은 어려운 일입니다.

경청은 시선으로부터 시작할 수도 있습니다. 과거에 커뮤니케이션 기술로 상대방의 눈을 바라보는 것, 반응을 보여주는 것 등이 권장되었습니다. 물론, 눈을 마주보고 있더라도 얼마든지 다른 생각을 할 수 있기 때문에 그것 자체가 경청을 가능하게 한다기보다 경청하고 있음을 보여주는 방법에 그칠 수도 있습니다. 그런데, 상대방을 바라보지 않고 귀로만 들으면 어느 새 주의 집중이 흐트러지기도 합니다. 누군가는 눈감고 들어야 그 소리에 집중할 수 있다는 사람도 있는데, 각자 '듣기 습관'이 다르게 잡힌 것이라고 볼 수 있습니다. 따라서 경청을 위한 전략으로 전통적인 아이컨택이라는 방법 외에 다음 두 가지를 제안합니다.

첫째, 녹음기가 되었다는 생각으로 들어야 합니다. 즉, '저 이야기를 다른 사람에게 전달해야지'라는 마음 속 미션을 가지고 듣는 것입니다. 핵심 단어, 핵심 의미가 무엇인지, 몇 가지 이야기를 하고 있는지 온전히 '듣고 이해하는 것'에 집중해야 합니다.

둘째, 간단한 기록이 적극적 경청에 큰 도움이 됩니다. 퍼실리테이터는 참석자 발언 내용을 키워드로 차트에 적어서 집중력을 유지할 수 있습니다. 또한 그 내용을 전체에게 공유하며 그룹이 같은 내용으로 이해할 수 있도록 도울 수 있습니다. 모순되는 말이기도 하지만 기록하는 데 너무 신경을 쏟으면 그 순간 듣지 못하게 됩니다. 메모는 키워드 위주로 간단히, 귀는 참석자들을 향해 열려 있어야 합니다.

02

사실과 평가의 구분
(Fact & Jugdement)

 퍼실리테이터에게 반드시 필요한 "듣기" 요령이 있습니다. 바로, 객관적 '사실'과 주관적 '평가'를 구분하여 듣는 것입니다. 누구나 인정할 수 있는 내용이라면 '객관적'이라고 할 수 있을 것입니다. 만약 말하는 사람이나 일부 사람들만 인정하는 내용이라면 객관적이라고 하기 어렵습니다.

어느 날 여러분의 친한 친구가 "너는 좀 경솔한 것 같아"라고 이야기합니다. 이 말을 들은 여러분은, 첫째 기분이 어떨까요? 둘째, 그 의견에 동의할 수 있나요? '경솔한 것 같다'는 자신의 주관적인 의견은 타인의 공감을 얻기

어려울 뿐 아니라, 자주 말싸움과 갈등의 원인이 됩니다.

아래 문장 중 사실을 표현한 문장과 주관적 판단을 표현한 문장을 구분해 보세요.

A. 상우는 어제 이유 없이 내게 화를 냈다.

B. 소라는 어제 저녁에 텔레비전을 보면서 손톱을 물어뜯었다.

C. 용준이는 회의 시간에 내 의견을 묻지 않았다.

D. 내 아버지는 좋은 분이다.

E. 영애는 일을 너무 많이 한다.

F. 민수는 공격적이다.

G. 동원이는 나를 무시한다.

H. 내 아들은 이를 자주 닦지 않는다.

I. 민수는 내게 노란색 옷이 어울리지 않는다고 말했다.

J. 이모는 나와 이야기할 때 불평을 한다.

(마셜 로젠버그의 '비폭력대화'에서 발췌)

'사실'에 해당하는 문장은 B, C, I 뿐입니다. 나머지는 모두 '평가' 즉, 말하는 사람만 그렇게 생각할 수 있고 다른 사람은 동의하지 않을 수도 있는 문장입니다. '이유없이', '좋은', '너무', '공격적', '무시', '자주', '불평' 등은 사람에 따라, 기준에 따라 맞기도 하고 틀리기도 합니다. 만약 "민수야, 너는 너무 공격적이야."라고 말한다면 그 말을 들은 민수는 동의할까요? 기분은 어떨까요? 누구도 함부로 '평가'받거나 비판 받고 싶지 않고 나와 다른 생각(주관적인 평가)을 사실인 것처럼 강요받고 싶지 않을 것입니다. 그런데 사람은 자신의 생각을 말하는 존재이므로 당연히 사실보다는 주관적인 평가 내용을 말하게 되고 이것은 그룹 의사소통의 걸림돌이 됩니다. 이러한 이유로 사실과 평가를 구분하는 것은 의사소통의 출발점이 됩니다. 사실과 평가를 구분하지 않으면 우리는 언제든 상대방의 감정을 상하게 할 수 있습니다. 무슨 뜻인지 이해하기 위해서는 우선 무엇이 객관적인 사실이고 무엇이 주관적인 평가인지 구분할 수 있어야 합니다.

회의 참석자들도 당연히 자신의 '의견(주관적인 생각)'을 말하게 되므로, 이럴 때 퍼실리테이터가 '커뮤니케이션의 가교'역할을 톡톡히 해야합니다.

첫째, 퍼실리테이터는 참석자들의 발언이 사실에 근거한 것인지, 주관적인 의견인지 '파악'해야 하고, 주관적인 의견에 근거가 부족한 경우 다른 참석자들이 불편해하는지 여부도 '포착'할 수 있어야 합니다.

둘째, 사실에 근거한 표현으로 소통하도록 도울 수 있습니다. 예를 들어 "이 아이디어는 현실성이 없어보여요"라는 참석자 의견에 대해 퍼실리테이터는 "A안에 대해 현실성이 없다고 말씀하셨는데 왜 그렇게 생각하시는지 궁금합니다"라고 문의하여 근거(사실)를 말할 수 있도록 이끌어 낼 수 있습니다. 그 근거를 통해 현실성에 대해 논의하면 더 효과적인 토의가 될 것입니다.

셋째, 중립적인 언어를 사용하여 대화의 유연성을 더욱 넓혀주어야 합니다. 중립적 언어는 '감정이 섞인 주관적 평가보다 관찰 결과에 따른 객관적인 사실이 담긴 말'입니다. 비난/짜증/부정적 단어/다그침/말 지금/비아냥/단정/넘겨짚음을 지양하고 '한번도, 결코, 만날, 항상, 전혀'와 같은 극단적인 표현을 자제하는 말입니다.

예를 들어, 누군가 "늘 같은 말만 늘어놓으니 되는 일이 있겠습니까?"라고 짜증섞인 말을 했다면, 퍼실리테이터는 "비슷한 제안이 과거에도 있었다는 말일까요?"라고 중립적인 언어로 전환한 후 위의 둘째 사항처럼 "그것이 효과적이지 않다고 생각하신다면 그렇게 생각하는 이유를 말씀해주시거나, 다른 방안을 제안해주실 수 있을까요?"라고 도와줄 수 있을 것입니다.

퍼실리테이터가 중립적 언어를 사용하게 되면 그 자체로 참석자들의 감정 등을 건드리지 않고 객관적인 분위기로 토의를 진행할 수 있게 됩니다. 퍼실리테이터의 언어 사용을 보면서 참석자들도 중립적 언어를 따라하게 되는 효과도 생길 수 있을 것입니다. 무엇보다, 사실과 평가를 구분하고 중립적인 언어를 쓰는 것은 다음에 설명할 피드백 스킬의 초석이 된다는 면에서도 매우 중요하다고 할 수 있습니다.

피드백
(Feedback)

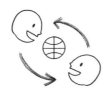

피드백(환류)은 "서로 주고받는 반응" 정도로 풀어 쓸 수 있습니다. 퍼실리테이터와 회의 참석자들 사이에서도 피드백이 이뤄집니다. 참석자의 발언에 대해 퍼실리테이터나 다른 참석자들이 반응을 보이고 퍼실리테이터의 언행에 대해서도 피드백이 일어날 수 있습니다. 조직문화에 따라서 피드백을 서로의 발전을 위해 해주는 '조언'으로 이해하고 구성원들 사이에 거리낌 없이 피드백을 주고받는 경우도 있지만, 피드백을 주는 일과 받는 일 모두를 어색함이나 불편함을 느끼는 경우도 많이 있습니다.

퍼실리테이터가 참석자 간 올바른 피드백이 이루어지도록 도울 수 있다면 훨씬 더 좋은 의사결정이 이루어질 것입니다. 피드백을 제공하는 사람도, 받는 사람도 간단한 요령을 익히면 말하기 어렵거나 민감한 내용도 잘 소통할 수 있을 것입니다.

우선 피드백을 제공하는 요령입니다.

첫째, 들을 때, 발언의 의도를 넘겨짚지 말고 호기심을 가지고 듣습니다. 누군가 '지금 말씀하신 제안이 어떻게 가능하다고 보십니까?'라고 반응했을 때, '가능하지 않다고 생각하는 것일까?' 혹은 '나를 공격하는 걸까?'라고 발언의 의도를 추측하게 되면 나도 모르게 "그럼 가능하지 않다는 말입니까?"라고 말할 수 있고, 순식간에 공격적인 대화가 될 수 있습니다. 선입견 없이 호기심을 갖고 듣는다면, "아, 최근 이런 방식으로 성공한 기업 사례가 있기 때문에, 우리의 가장 큰 장점인 '기술력'을 무기로 더 도전적인 목표를 가지고 벤치마킹한다면 안 될 것도 없다고 생각합니다."라고 소통할 수 있을 것입니다.

둘째, 말할 때, 주관적인 나의 생각을 전달해야 하므로, 어디까지나 '나'의 관점이라는 것을 명확히 하기 위해 "관찰한 사실+I 메세지"로 표현합니다. 'I 메세지'란 주어가 '나'인 문장을 말합니다. "민수야 어제 네가 주먹으로 책상을 꽝 내리쳤는데(관찰한 사실) 나는(I 메세지) 그런 행동이 공격적이라고 느꼈어."라고 말할 수 있습니다. 민수도 납득할 만한 표현이 되었습니다. 이 것을 'You 메세지'로 즉, "너(You)

는 공격적이야."라고 말한다면 상대방의 공감을 얻기 어렵고 갈등의 시작이 될 수도 있습니다.

피드백을 받았을 때는 어떻게 대처해야 할까요?

첫째, 들을 때 역시 넘겨짚지 말고 구체적으로 무엇에 관해 그렇게 판단했는지 되물어봐야 합니다. 직장에서 팀원이 작성한 문서에 대해 가장 무책임한 피드백은 무엇이 어떻기 때문에 어떤 방향으로 수정이 필요하다고 하지 않고 "엉망이네. 내일까지 다시"라는 식으로 말하는 것입니다. 만약 이런 피드백을 받았다면, "어떤 부분이 문제인지 말씀해주시면 정확하고 빠르게 작업할 수 있을 것 같습니다"라고 되물어보아야겠지요.

우리가 이렇게 되묻지 못하는 이유 중 하나는 상사로부터 "일일이 알려주어야 하느냐"는 핀잔이 돌아올 것에 대한 두려움 때문일 것입니다. 그렇지만 묻지 않고 다시 작업했다가 더 험한 소리 듣는 것보단 낫겠지요? 피드백을 하는 사람도 이 점을 알고 있다면 그렇게 핀잔을 주지 않을 것입니다.

둘째, 모든 피드백 내용이 옳은 것은 아닐 것이므로 받아들일 것과 듣고 넘길 것을 구분할 수 있어야 합니다. 다만, 피드백해준 성의에 대해서 "말씀해주셔서 감사합니다"하며 감사를 표할 수 있으면 더할 나위 없는 피드백이 될 것입니다.

되말하기
(Paraphrasing)

되말하기는 '상대방의 발언 내용을 확인하기 위해 다시 말하는 것'을 의미합니다. 참석자들의 발언 내용이 모호하거나 길어서 핵심을 파악하기 어려울 때 정확하게 이해하지 못한 참석자들이 있을 것입니다. 그럴 때 이해되지 않은 내용은 반드시 "이윤도 중요하지만 소비자와의 신뢰도 중요하기 때문에 다시 한번 생각해 보아야 한다는 말씀인 것 같습니다." 라고 핵심 내용을 다시 전하여 참석자 전체의 이해를 도울 수 있어야 합니다.

되말하기는 상대방이 한 말을 자신의 표현으로 자연스럽게 바꾸어 말하되, 발언 내용을 '왜곡'하거나 '논평'하지 않고 그대로 의미를 살려주는 것입니다. 아래 사례를 통해서 올바른 되말하기 방법을 익혀보세요.

> **참석자 :** "최근 경기가 부진하고 경쟁자도 많이 증가한 데다, 원가 상승의 요인도 있어서 목표 매출 달성이 어려워 보입니다. 인력충원은 안 되고, 종종 좌절감도 들지만 개인적으로는 성장하고 싶기 때문에 잘 해내려고 노력하고 있습니다"
>
> **FT :** "그러시군요. 정말 힘드시겠습니다." ➡ 공감 대화
> "좌절할 만큼 힘이 드신 거군요." ➡ 왜곡
> "요즘 다들 그런 것 같습니다. 어쩌겠습니까, 견뎌 내야지요." ➡ 논평, 조언
> "내, 외부 경영환경이 어려워서 힘들지만, 본분에 충실하고 또 성장하기 위해 애쓰고 계시다는 말씀이군요." ➡ 자신의 표현으로 바꾸어 되말하기

이러한 되말하기를 어떻게 훈련할 수 있을까요? 언제 어디서든 다른 사람의 말을 경청하는 것이 첫 번째입니다. 그리고 언제든 되말하기할 것처럼 열심히 들으며 이야기가 진행되는 '맥락'을 읽어야 합니다. 그렇게 하기 위해서는 자신의 입장을 '참석자'가 아니라 '진행자'

로 바꾸어야 합니다.

'나는 진행자다! 내 의견을 이야기하는 것이 중요하지 않다. 이야기가 어떻게 돌아가는지 흐름을 보자. 필요할 때 되말하기와 함께 논의의 물꼬를 터주자!'

이렇게요. 그러면 그 자리 누구보다 경청에도 능한 자신을 볼 수 있을 것입니다. TV토론 진행자가 포스트잇 하나 쓰지 않으면서도 어려운 논의를 이끌어갈 수 있는 이유는 참석자들의 말을 경청하며 맥락을 읽고 적재적소에 되말하기하며 발언권을 잘 분배하기 때문입니다.

차트 기록
(Chart Writing)

 퍼실리테이션 워크숍이 일반 회의와 다른 점은 무엇일까요? 수년 간 이 질문 앞에서 답을 '구구절절' 해왔습니다. 그러다보니 오랜 만에 만나는 지인들은 만날 때 마다 같은 질문을 합니다. "그래서 너 하는 일이 뭐라고? 회의를 뭘 어떻게 한다는 거야?"

최근에 비로소 나름의 답을 찾은 것 같습니다. 퍼실리테이션은 '보여주는 회의'입니다. 즉, 말로 시작해서 말로 끝나는 회의가 아니라 참석자들의 주요 발언이 모두가 볼 수 있는 보드나 차트에 기록되는 회의라는 뜻입니다.

흔히, 일상적인 회의 현장에서 참석자들은 각자의 노트

나 컴퓨터에 열심히 무언가를 기록합니다. 어떤 말이 어떻게 기록되는지 알 수 없습니다. 그리고 팀의 막내직원이 회의록을 작성해서 공유하는 일이 많은데, 막내직원의 가장 큰 단점은 업무 이해도가 가장 떨어진다는 점입니다. 경험이 많은 선배 직원들의 이야기를 다 이해하지 못할 수도 있습니다. 어쨌든 최선을 다해 회의록을 작성하지만 왜곡하거나 누락이 일어날 수 있습니다.

회의실의 기록은 두 가지 관점으로 관리해야 합니다. 첫째는 현장의 기록, 둘째는 회의록입니다. 현장의 기록은 즉각적인 소통을 돕기 위한 활동으로, 모두가 볼 수 있는 곳 즉 차트나 보드에 퍼실리테이터가 실시간으로 '메모'하는 것입니다. 그러면 발언자가 자신의 말한 내용이 잘 반영되었는지 확인할 수 있고 오해를 줄일 수 있습니다. 현장에서의 즉각적 소통을 위한 기록이므로 정돈된 글씨로 꼼꼼하게 할 필요없이 빠르게 알아볼 수 있게만 적으면 됩니다.

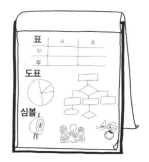

    현장의 실시간 기록을 할 때 직접 손으로 차트 등에 하면 쉽고 기록을 할 때 그래픽 요소를 동원하여 소통하면 생기 있는 회의를 진행하기 유리합니다. 온라인 회의 상황이나 차트 기록이 불편한 경우도 있습니다. 온라인 회의가 아니더라도 요즘은 서기가 자신의 컴퓨터에 회의 내용을 기록하는 경우도 많은데, 역시 기록 상황이 빔프로젝터 등의 화면으로 공유되는 것이 좋습니다. 퍼실리테이터가 오늘 회의의 결론을 잘 요약해서 기록으로 보여주고 참석자들이 모두 이해하고 이의가 없다면 이제 막내직원에게 넘겨도 결론을 문서화하고 공유하는 데 문제가 없겠습니다.

    교육 후 자주 받는 질문 중 하나는 "이젠 뭘 더 배워야 하나요?" 입니다. 저의 대답은, "다른 것을 배우기 전에 지금까지 배운 것(기본)을 익히세요."입니다. 퍼실리테이터가 되는 우선 과제이자 좋은 퍼실리테이터가 되기 위한 기본 기술은 '자유자재로 되말하기'와 '실시간 차트 기록 자처하기'입니다.

'보여주는 회의'를 위해서는 먼저 회의 진행자가 차트나 화이트보드를 사용하는 것을 어색하게 느끼지 않아야 합니다. 익숙해지도록 연습을 해야 합니다. 기록을 화려하게 할 필요는 없습니다. 워크숍 현장에서 차트기록이 얼마나 불필요한 논쟁을 줄여주는지는 차트기록을 열심히 해 본 퍼실리테이터라면 실감할 것입니다. 특히, 찬반 양론이 오가는 현장에서 실시간 차트 기록은 위력을 발휘합니다. 참석자들은 자신이 놓친 대목을 퍼실리테이터의 기록에서 보충하며 흐름을 놓치지 않을 수 있고, 했던 주장을 되풀이할 필요도 없어집니다. 명확하지 않은 표현에 대해 되묻고 답하며 '사실'에 입각한 소통을 이끌어낼 수 있습니다.

이러한 '기록하기'의 중요성은 그래픽 퍼실리테이션 (Graphic facilitation) 전문 분야가 있다는 점만 보아도 알 수 있습니다. 화려한 그래픽 기록이 아니어도 말로 시작해서 말로 끝나는 회의가 아니라 시각적 소통까지 챙기는 '보여주는 회의'를 만들어 보세요.

해외 담당자 온라인 미팅 등
비대면 회의에서도 퍼실리테이션이 도움이 될까요?

단순한 정보 전달이나 의견 청취 정도의 온라인 회의는 '라운드 (Round)'로 발언권만 잘 살려주어도 좋을 것입니다. 그러나 복잡하거나 민감한 사안에 대해 토의해야 할 때는 회의 진행자의 역량과 스킬이 더욱 중요해집니다.

오프라인 워크숍에서 참석자들이 포스트잇에 의견을 적어 제출하고 모두 함께 검토하듯이 온라인에서도 퍼실리테이션을 할 수 있도록 구현해 놓은 프로그램들이 요즘은 많이 있으니 활용하면 좋을 것입니다. 만약 사실과 평가의 구분, 적극적 경청, 되말하기 등의 퍼실리테이터의 커뮤니케이션 기본기가 탄탄하다면 웬만한 회의는 잘 진행할 수 있을 것입니다.

온라인 회의에서도 서기의 기록 화면을 참석자들과 실시간 공유하여 정확하게 소통할 수 있도록 해 보세요.

온라인 퍼실리테이션 Guide

1. 도구

현재 가장 많이 쓰이는 도구는 아래와 같습니다. IT 기술 발달로 대단히 많은 온라인 협업도구들이 나날이 개발되고 있으니, 선호하는 도구를 잘 선택해보시기 바랍니다.

이 책을 쓰고 있는 2020년, 최근 몇 달 사이에도 다양한 온라이 협업도구들이 개발되었습니다. 온라인 회의 프로그램은 크게 두 가지로, 한 가지는 화상 통화 프로그램이고 다른 한 가지는 여러 접속자가 동시에 편집하는 '공용문서' 프로그램입니다. 화상 통화 프로그램 중에 가장 널리 쓰이는 것은 아래 두 가지입니다.

줌(Zoom) : www.zoom.us

웹엑스(Webex) : www.webex.co.kr/

이러한 도구들은 '온라인에서 회의한다'는 요구를 충족시키기 충분합니다. 만약 온라인에서도 오프라인에서처럼 아이디어 도출 워크숍 같은 퍼실리테이션을 원한다면 위의 온라인 회의 플랫폼과 함께 아래와 같은 공용 문서(캔버스) 프로그램 사용을 병행할 수 있습니다.

뮤랄(mural.co), 미로(miro.com), 구글독스 등의 온라인 협업도구가 많이 쓰입니다. 최근에는 화상통화 기능과 협업도구 기능이 결합된 마림바(marimba.team)라는 프로그램이 개발되기도 했습니다.

구글독스 문서(슬라이드, 시트, 독스)를 참석자들과 공유하여 동시에 문서작업을 할 수도 있습니다.

기술 진보가 빠른 시대이니, 곧 더 좋은 도구들이 세상에 속속 나올 것입니다.

2. 온라인 회의 참석 준비

- 각자 노트북이나 PC에 카메라와 마이크가 장착/작동되는지 확인합니다.
- 조용한 곳에서 진행합니다. 대부분 마이크의 음소거(mute) 기능이 있긴 하지만 동시에 여럿이 원활하게 대화하기 위해서는 조용한 곳에서 그냥 마이크를 켜고 진행하는 것이 좋습니다.
- 만약, 몇몇은 출근했고 몇몇은 각자 다른 공간에 있는 경우, 출근한 사람들은 한 공간에 모여 있는 것이 의사소통에 유리합니다. 그러나 모인 공간이 노출콘크리트 천정이라든지 소리가 울리는 공간이면 하울링이 생길 수 있으니 이럴 때는 각자 조용한 공간을 확보하는 것이 좋습니다. 각자 한 대의 노트북으로 접속한다면 반드시 별도의 공간을 마련해야 합니다. 하울링 소음이 발생할 수 있습니다.

- 한 공간에 있다고 해서 컴퓨터 한 대 놓고 여럿이 앉아 이야기하는 것도 어쩔 수 없는 경우가 아니라면 권장하지 않습니다. 온라인 회의 진행자는 화면 상에 참석자 한 사람당 사각 화면 하나로 보게 되는데, 화면 하나에 여럿이 있는 경우 헷갈릴 수도 있고 컴퓨터 마이크로부터 조금 멀리 있는 사람의 목소리가 잘 들리지 않을 수도 있기 때문입니다.
- 카메라와 마이크가 장착되어 있는 노트북이 가장 세팅하기 편리하지만, 여의치 않으면 휴대폰으로 접속할 수도 있습니다.

3. 온라인 회의 진행 준비

- 지역별 참석자 명단과 회의 목적/안건 등이 담긴 자료를 미리 참석자들과 공유합니다.
- 온라인 미팅은 각자가 있는 환경도 다양하고 오프라인 미팅에 비해 몰입도가 떨어지기 때문에 한, 두 시간 안에 마칠 수 있는 안건으로 좁힙니다. 필요하다면 여러 회차로 나누어 진행하세요.
- 참여규칙(Ground rule) : 발언하기 전에 이름 말하기, 필요할 때 mute 버튼 사용하기, 다른 일 하지 말고 100% 참여하기 등 필요한 규칙을 미리 준비합니다.
- 오프닝 질문 : 안건과 관련하여 참석자들이 흥미를 느끼고 주의를 집중할 수 있도록 오프닝 질문을 준비한다면 시작부터 참석자들의

참여도가 올라갈 것입니다.

예) 품질 개선 방안이 안건인 경우 "물건 샀다가 불량품이 와서 난감한 적이 있으세요?"

4. 온라인 회의 진행

- 체크인(출석체크) : 참석자 각자 돌아가며 소속(지역)과 이름을 이야기하도록 합니다. 어쩔 수 없이 주변이 시끄러운 곳에 있다면 마이크 mute기능을 수시로 활용하도록 안내합니다.

- 동기부여/흥미유발 : 회의 취지와 목적, 안건을 안내하고 이 회의가 성공적으로 끝났을 때 참석자들에게 어떤 유익이 있는지도 설명합니다. 그리고 준비한 오프닝 질문을 던지며 가볍게 이야기 나눕니다.

- 아이스브레이킹 : 온라인회의는 대면하고 있지 않기 때문에 오프라인 회의보다 더 딱딱할 수 있습니다. 간단한 아이스브레이킹이 필요합니다. 만약 오프닝 질문을 잘 준비하였다면 그것이 그대로 아이스브레이킹이 될 수 있습니다. 적절한 오프닝 질문을 찾지 못했다면, 간단한 근황토크 정도로도 아이스브레이킹이 되겠죠? 진행자의 역량에 따라 아이스브레이킹을 진행해보기를 권장합니다.

- 라운드(Round) : 오프라인 워크숍도 마찬가지지만 온라인에서는 특히 중요한 요소입니다. "별표 5개 돼지꼬리 땡땡" 쳐야 하죠. 라운드는 자유토의와 달리 한 사람씩 돌아가면서 자신의 의견을 이야기하

는 방법입니다. 별 것 아닌 것 같아도 발언권을 골고루 분배하고 난 상토의로 빠지지 않도록 하는 아주 요긴한 방법입니다.

단, 온라인 회의에서는 참석자들이 앉은 순서가 보이지 않기 때문에 진행자가 자신의 화면에 보이는 순서대로 발언 순서를 미리 알려주어야 합니다. 예를 들어 "○○○님부터 시작하겠습니다. 다음은 AAA님입니다."라고 알려주는 것이죠. 의견을 말한 사람이 다음 사람을 지정하는 방식으로 자유롭게 진행할 수도 있습니다.

5. 온라인 회의 마무리

• 다룬 안건과 결정사항을 요약하고 이 내용이 그대로 회의록에 기록되도록 합니다.

• 체크아웃(클로징 라운드) : 한 사람씩 돌아가며 round로 회의에 참여한 소감(좋았던 점, 아쉬웠던 점 등)을 나눔으로써 더 나은 회의를 기약하며 종료합니다.

• 미팅 중에 시간관계상 제대로 기록하지 못했던 내용을 정리하고 최종 결정사항이 잘 정리되었는지 확인하여 회의록을 공유합니다.

그래픽 퍼실리테이션은
무엇인가요?

그래픽 퍼실리테이션은 워크숍 안건이나 주요 토의 산출물 등을 모든 참석자들이 쉽게 볼 수 있도록 시각화하는 일을 의미합니다. 국내에도 그래픽 퍼실리테이터가 나온 지 9년이 되었습니다. 최근 한국 퍼실리테이터 협회 컨퍼런스나 애자일 컨퍼런스에서 그래픽 퍼실리테이터들이 활동하며 다루어지는 세션들의 핵심 의제를 시각화하여 보여주기도 했습니다. 그래픽 퍼실리테이션의 하이라이트는 워크숍에서 실시간으로 기록하는 것입니다.

'아, 이런 맥락이구나, 이런 내용이구나!' 하고 직관적으로 이해할 수 있도록 토의 내용에 딱 맞는 메타포(비유와 상징)를 담아 구조화된 이미지로 표현합니다. 이러한 그래픽 퍼실리테이션은 단순히 그림을 잘 그리는 일이 아니라, 토의 내용을 이해하고 그것의 맥락을 파악할 줄 아는 논리력과 창의력을 바탕으로 표현력과 전달력이 더해져야 합니다. 아직은 그래픽 퍼실리테이션에 대한 가치가 잘 알려져 있지 않지만, 시각화의 시대인 만큼 갈수록 제 평가를 받을 수 있을 것입니다.

그래픽 레코딩 사례 : 정승윤 작성

그래픽 레코딩 사례 : 박수자 작성

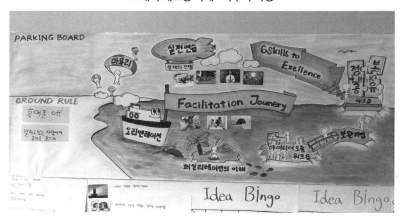

그래픽 레코딩 사례 : 안지원 작성

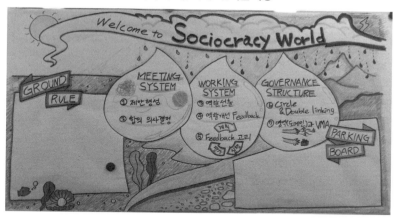

1 지금까지 경험한 여러분의 회의/워크숍에서 퍼실리테이터 커뮤니케이션 기본기가 필요한 순간은 언제였을까요? 혹시 그 때 어떤 문제가 있었고, 어떤 기본기가 도움이 되었을까요??

2 이번 Chapter에서 느낀 점과 새롭게 배운 점, 적용하고 싶은 점은 무엇인가요?

5
CHAPTER

더 좋은 소통을
위한 질문기법

잘 요리된 질문!

"이번 회의에서 어떤 질문을 하면 좋을까?"

성장 질문 05

K가 회의 진행을 잘한다는 소문이 사내에 퍼지고 있습니다.

평소 K를 아는 지인들은 그 변화에 궁금해하며, 본인 회의를 잘 하기 위한 조언을 구하러 옵니다.

조언을 구하는 내용 중 많은 부분이 '질문'에 관한 것이었습니다.

회의 진행자가 적절한 질문을 하여 참석자가 그에 대해 토의하는 것이 필요하다는 것을

평소 경험에서 느꼈던 것이지요. 이는 조언을 요청받은 K도 마찬가지입니다.

K가 던지는 질문에 따라 참석자들의 몰입도나 결과물이 달라짐을 느꼈기에,

늘 "이번 회의에서 어떻게 질문하면 좋을까?"를 고민하게 됩니다.

K와 그 지인들을 도울 수 있는 방법들을 알아보겠습니다.

좋은 질문은 어떻게 만드는가?

01

참석자를 워크숍의 주인공으로 만들기 위해, 퍼실리테이터는 조언이 아닌 질문을 합니다. 퍼실리테이션을 학습한 참석자들의 단골 질문 중 하나도 "좋은 질문은 어떻게 하나요?"입니다. 좋은 질문이란 어떤 걸까요? 좋은 질문은 어떻게 만들 수 있을까요? 질문하는 기술은 어떻게 익히면 좋을까요?

❶ 관련 도서로 질문 기법에 대한 기초 지식을 다집니다.

질문이 왜 중요한지, 어떤 효과가 있는지 어떤 종류의 질문이 있는지 쉽게 찾아볼 수 있습니다. 그러나 인간사 다양성만큼이나 던질 수 있는 질문도 다양하기 때문에, '좋은 질문' 또는 '질문 만들기'는 뻔한 이야기 같으면서 막상 좋은 질문을 하고 싶을 때 고민하게 되는, 모호하고 손에 잡히지 않는 영역입니다.

최근에 질문에 관해 좋은 관점을 제시하고 있는 박영준 님의 〈혁신가의 질문〉에 따르면 질문 상황과 대상을 고려하면서, 긍정적이고, 개방적이고, 통합적인 관점에서 하는 질문이 좋은 질문이라고 합니다.

좋은 질문(통하는 질문)의 3가지 기본 조건	예시
질문의 의도와 영향이 모두 긍정적이다.	이렇게 한다고 되겠어요? → 어떻게 하면 상황을 개선할 수 있을까요?
상대의 경험과 의견을 구체적으로 표현할 수 있는 열린 질문이다.	시도를 해보셨나요? → 연도별로 어떤 시도를 해보셨나요?
질문을 통해 생각과 느낌, 그리고 실제 일어난 일 모두에 대한 통합적 관심을 불러 일으킨다	무엇을 성취했나요? 현재 상황에 대해 어떻게 느끼고 있나요? 향후 계획에서 우리가 꼭 반영해야 할 성찰 내용은 무엇일까요?

긍정적인 질문, 열린 질문, 통합적 관심을 일으키는 질문이 언급되어 있습니다. 또 어떤 질문이 좋은 질문일까요? 직접 3가지만 적어보실까요?

- _____
- _____
- _____

저는 뜻 밖의 생각을 떠올리게 하는 질문, 놓쳤던 맥락을 깨닫게 하는 질문, 결론을 내리도록 촉구하는 질문이라고 적어보았습니다. 〈혁신가의 질문〉에 의하면 이러한 좋은 질문들은, 답하는 사람들에게 관점의 전환을 돕고 중요한 것을 다시 깨달을 수 있는 기회를 주며 높은 수준의 자각과 긍정적 정서를 불러일으켜 실천으로 옮길 수 있는 힘을 제공한다고 합니다.

❷ '기존 질문'을 활용합니다.

`예시 1) 피터 드러커의 '최고의 질문'` 〈피터 드러커의 최고의 질문〉이라는 책에는 조직 진단에 필요한 5가지 핵심 질문을 제시하고 있습니다. 조직이 건강한지 알아보고 싶을 때, 이렇게 누군가 만들어 놓은 질문을 이용할 수 있습니다.

- 미션은 무엇인가?
- 고객은 누구인가?
- 고객가치는 무엇인가?
- 원하는 결과는 무엇인가?
- 이를 위한 계획은 무엇인가?

`예시2) MDFP` 비즈니스 코치들은 질문의 달인이라고 해도 과언이 아닐

것입니다. 이들은 질문을 통해 개인의 성찰과 문제해결을 돕습니다. 코치마다 사용하는 질문의 프레임도 조금씩 다른 것을 볼 수 있습니다. CIT 코칭연구소 박정영 코치의 경우 MDFP질문이라는 프레임을 이용합니다.

- M(Meta-view) : 거시적 관점에서 바라볼 수 있게 하는 질문 (예 : 궁극적인 목표가 무엇입니까?)
- D(Details) : 의미 확장, 상황을 구체적으로 파악하는 질문 (예 : 예를 들어 어떤 것이 해당됩니까?)
- F(Future) : 미래의 계획, 결과를 생각해보게 하는 질문 (예 : 2년 뒤 어떤 상황이 그려지십니까?)
- P(Past) : 과거의 경험, 시작동기를 묻는 질문 (예: 유사한 성공경험이 있습니까?)

예시 3) 여섯색깔모자 기법 우리가 앞서 보았던 '여섯색깔모자 기법'도 기존 질문으로 볼 수 있습니다. (P. 161~167 참고)

예시 4) 스캠퍼(SCAMPER) 퍼실리테이터가 요긴하게 사용하는 질문 중에는 "스캠퍼(SCAMPER)"라는 것도 있습니다. 스캠퍼는 아이디어를 더욱 발전시키고 보완하기 위해 만들어진 체크리스트 성격의 질문을 모아 놓은 것입니다. 브레인스토밍 창시자로 알려진 알렉스 오스본 (Alex F. Osborn)의 '체크리스트'를 밥 에벌(Bob Eberle)이 기억하기 쉽게 정리하여 자신의 책 "Creative Games and Activities for Imagination Development(Prufrock Press)"에서 소개하였습니다. 스캠퍼(Scamper) 기법은 브레인스토밍 기법을 창안한 Alex Osborn의 체크리스트법을 Bob Eberle이 7개의 키워드로 재구성하고 발전시킨 것입니다. 스캠퍼의 7개의 관점에 따라 새로운 아이디어를 생성할 수도 있고, 기존의 아이디어를 7가지 기준으로 더 발전시킬 수도 있습니다.

다음과 같이 밥 에벌이 정리한 7개 키워드의 앞 글자를 따서

\<SCAMPER 항목\>

약어	의미	예시
S	Substitute: 재료, 사물, 요소, 사람, 장소, 감정 등을 다른 것으로 대체할 수 있는가?	양념을 짜장으로 → 짜장 떡볶이
C	Combine: 주제와 무관한 것처럼 보이는 아이디어나 사물과 조합, 결합할 수 있는가?	바퀴 + 가방 → 여행용 캐리어
A	Adapt: 다른 훌륭한 기능, 사물, 성공적이었던 다른 사람들의 아이디어 등을 적용해 본다면?	문어 빨판 → 흡착판
M	Magnify 또는 Modify: 단순히 새로운 것을 추가하여 확장/수정해 본다면?	정수기 + 냉동기능 → 얼음 정수기
P	Put to other uses: 의미 있는 다른 용도는 무엇인가?	폐쇄한 수질정화장 → 공원
E	Eliminate or Minimize: 무언가를 제거, 축소할 수 있는가?	데스크탑 컴퓨터 → 모니터 일체형 컴퓨터
R	Reverse or Rearrange: 반대로 생각하거나 형식, 순서, 구성을 재배열해 본다면?	김밥 안의 달걀 → 달걀로 감싼 김밥

SCAMPER라고 부릅니다.

이러한 SCAMPER는 아이디어를 구체화하는 질문 기법으로 활용할 수 있습니다. 퍼실리테이터가 SCAMPER를 활용한 질문을 던지면서 참석자들이 더욱 쓸 만한 아이디어로 구체화할 수 있도록 돕는 것입니다.

첫째, 구체적인 아이디어를 발산하는 방법으로 사용합니다. 아이디어 도출 주제 (예를 들어, 새로운 여행용 캐리어 개발)를 알려주고 스캠퍼 7개 키워드에 하나씩 접목하여 아이디어를 생산할 수 있습니다. (위 주제에 대해 7개 키워드별 브레인스토밍를 하며 차트에 작성하는 것을 상상해보십시오) 순차적으로 진행할 필요는 없고, 시간이나 주제 적합성 등을 고려하여 일부 키워드는 생략할 수도 있습니다. 7개 키워드별 아이디어들을 통합하면서 새로운 아이디어들도 발견할 수 있습니다. 많은 아이디어를 내 보고 그 중 한, 두 가지라도 매력적인 아이디어가 나온다면 성공이겠지요?

주제	여행용 가방의 재탄생 아이디어
S	
C	
A	
M	
P	
E	
R	

둘째, 아이디어 보완/검토 과정에서 사용할 수 있습니다. 현재 검토 중인 아이디어의 일부분을 다른 것으로 대체하거나, 용도를 바꾸거나, 무언가를 축소/확대/제거해보면서 더 좋은 아이디어로 발전시키는 것입니다. 이것을 여섯색깔모자 기법과 연결시켜 볼까요? 초록색 모자가 의미하는 바를 기억하십니까? 바로 '창의적인 대안'을 창출하는 것입니다. 초록색 모자를 쓴 상태에서 SCAMPER를 이용한다면 쓸모 없어 보였던 아이디어도 좋은 대안으로 살릴 수 있을 것입니다.

다카하시 마코토는 스캠퍼의 모태인 체크리스트법을 강제연상법으로 분류했는데요, SCAMPER는 퍼실리테이터가 참석자들에게 던질 수 있는 질문기법이기도 합니다. 아이디어를 어떻게 발전시켜 나갈지 어려워하는 참석자들에게 적절한 질문을 해 준다면 새로운 해법을 향한 돌파구를 만들 수 있을 것입니다.

아래 스캠퍼 질문 예시는 마이클 미캘코의 "Thinkertoys" SCAMPER 질문카드 내용의 일부를 발췌한 것입니다. 참고하여 유연하게 사용하시기 바랍니다.

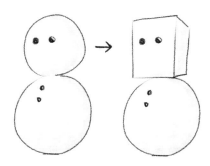

S 질문 (Substitute : 재료, 사물, 요소, 사람, 장소, 감정 등을 다른 것으로 대체하기)

- 무엇이 대체될 수 있을까?

- 일부분을 다르게 바꿀 수 있을까?

- 재료나 부품을 바꿔본다면?

- 규칙을 다르게 적용해본다면?

- 장소를 바꿔서 생각해보자.

- 다른 사람이라면 어떻게 생각하겠는가?

- 화나거나 짜증나는 상태로 감정을 바꿔본다면?

- 당신의 부모님, 친구, 어린아이, 사회학자, 개그맨이라면 어떻게 생각하겠는가?

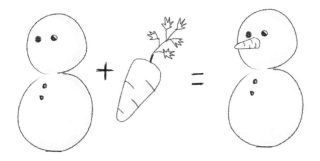

C 질문 (Combine, 주제와 무관한 것처럼 보이는 아이디어나 사물과 조합, 결합하기)

● 어떤 아이디어를 결합할 수 있는가?

● 아이디어의 목적을 결합해 본다면?

● 사물, 아이디어, 환경 등 다양한 것들과 통합할 수 있는가?

● 기존의 것과 통합하여 새로운 앙상블이나 분류를 만들어보라.

● 여러 가지를 하나로 종합해볼 수 있는가?

● 각 부품이나 부분들을 결합해보자.

● 재료들을 통합해서 사용해보자.

● 떠오른 아이디어들끼리 결합해보자.

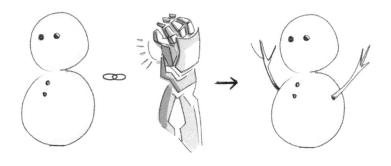

A 질문 (Adapt, 다른 훌륭한 기능, 사물, 성공적이었던 다른 사람들의 아이디어 등을 적용

해보기)

- 이것과 비슷한 것에는 무엇이 있는가?

- 다른 사람의 아이디어나 자연환경에서 비슷한 것들을 찾아본다면?

- 무엇을 따라 할 수 있는가?

- 다른 프로세스를 적용시킬 수 있는가?

- 또 어떤 것을 적용할 수 있는가?

- 현재 아이디어에 다른 새로운 내용을 추가할 수 있는가?

- 내가 잘 모르는 새로운 영역에서 어떤 기발한 아이디어를 얻을 수 있을까?

M 질문 (Magnify or Modify : 단순히 새로운 것을 추가하여 확장/수정해보기)

- 무엇을 새로 추가할 수 있는가?

- 부분이나 전체를 확대해보라.

- 현재의 장점/가치를 극대화할 수 있는가?

- 시간이나 횟수를 늘려보자.

- 더 많은 용도, 기능을 찾아보라.

- 반복할 수 있는 것이 있는가?

- 더 높게, 더 안전하게, 더 신뢰성 있게 바꿔보자.

- 이 아이디어가 가지는 의미를 확대해석 해보자.

P 질문 (Put it to some other use : 무엇으로 활용하든 의미 있는 용도 찾아보기)

● 이것은 또 무엇을 위해 사용될 수 있는가?

● 이것을 사용하는 다른 방법에는 무엇이 있는가?

● 이것을 수정한다면 어떤 새로운 쓰임새가 가능한가?

● 이것으로 만들어낼 수 있는 것은 무엇이 있는가?

● 다양한 사용자를 생각해보자.

● 당신의 부모님, 유치원생, 학생, 과학자, 디자이너들은 어떻게 이것
   을 사용할 수 있는가?

● 이것은 어떤 시장에서 판매될 수 있는가?

E 질문 (Eliminate : 이 아이디어에서 무언가를 제거, 축소해보기)

● 만약에 이것을 더 작게 만든다면?

● 없애야만 하는 것이 있는가?

● 필요하지 않은 부분은 무엇인가?

● 각 다른 부분으로 분리할 수 있는가?

● 일부/전체를 축소시켜보면 어떤가?

● 간소화시키거나 미니어처 형태로 바꿔보라.

● 밀도 있게 응축시켜보라.

● 꼭 필요한 기능을 빼거나 제거해보라.

● 기본적인 원칙을 제거할 수 있는가?

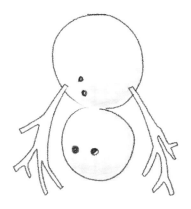

R 질문 (Reverse or Rearrange : 반대로 생각하거나 형식, 순서, 구성을 재배열해보기)

● 배치를 바꿔본다면 어떻게 배치하는 게 더 나은가?

● 부품들을 교환해보자.

● 순서를 바꿔보겠는가?

● 지금까지 시도하지 않았던 다른 패턴, 방식, 레이아웃을 도전해본
다면?

● 원인과 결과를 뒤바꿔보자.

● 속도를 바꿔보면 어떻게 되는가?

● 작업일정, 스케줄을 바꿔보라.

몰입을 이끌어 내는
질문의 원리
ORID

02

앞서 ICA라는 국제 NGO에서 자신들이 오랜 현장 활동을 통해 개발해온 퍼실리테이션 기법을 크게 두 가지, 합의 도출을 위한 워크숍 기법과 집중대화 기법으로 나누어 세상에 선보였다는 점을 언급하였습니다. 전자는 퍼실리테이션 프로세스 부분에서 상세히 설명하였습니다. 후자인 집중대화 기법(ToP The Focused Conversation Method)은 "ORID"라는 별칭이 붙어있는데, 참석자들이 주제에 몰입하여 효과적인 대화를 나눌 수 있도록 퍼실리테이터가 던지는 질문형식이라고 볼 수 있습니다.

여러분이 한 회사의 팀장이라고 가정해봅니다. 다른 팀에 업무협조를 구하기 위해 팀원을 보냈었습니다. 그런데,

그 팀 팀장이 여러분에게 전화하여 매우 언짢은 투로 "이런 식으로 일하냐?"며 화를 냅니다. 상사인 여러분은 복귀한 직원과 어떻게 대화하는 것이 좋을까요?

일단 혼내고 보는 사람, 괜찮냐고 마음을 달래주는 사람, 어떻게 해야 좋을지 단도직입적으로 해결안을 제시하는 사람 등등 우리는 다양한 얼굴이 될 수 있습니다. 만약 질문으로 상황을 풀어간다면 어떤 질문을 어떤 순서로 던지는 것이 좋을까요? 몇 가지 예시를 드립니다. 어떤 순서로 질문할지 순서를 매겨 시기 바랍니다.

순서	질문 내용
	지금 상황을 어떻게 해석해야 하는가? 중요한 것은 무엇인가?
	어떤 조치를 취해야 할까?
	어떤 말을 했을 때 OO팀장의 반응이 안 좋아 졌는가?
	어떤 대화를 주고 받았는가?
	나의 도움이 필요하다면 무엇인가?
	○○팀장은 왜 그런 반응을 보였다고 생각하는가?

대화에 정답은 없겠지만 다음과 같이 순서를 잡았습니다. 여러분도 같은 답을 쓰셨을 거라고 생각합니다. 사실, 조금만 집중해서 보면 틀리기 어려운 문제였습니다. 만약 틀린 분이 계시다면 단지 집중해

서 생각하지 않았기 때문일 테니 너무 실망하지 마시기 바랍니다.

순서	질문 내용
4	지금 상황을 어떻게 해석해야 하는가? 중요한 것은 무엇인가?
5	어떤 조치를 취해야 할까?
2	어떤 말을 했을 때 ○○팀장의 반응이 안 좋아 졌는가?
1	어떤 대화를 주고 받았는가?
6	나의 도움이 필요하다면 무엇인가?
3	○○팀장은 왜 그런 반응을 보였다고 생각하는가?

이 흐름이 자연스럽습니다. 왜냐하면, 인간의 자연스런 사고의 흐름(패턴)을 그대로 따랐기 때문입니다. 그러면 '자연스런 사고의 흐름'이란 어떤 것일까요?

신호등이 있는 건널목에 다다랐을 때 파란 불이 켜져 있는 것을 발견하고 길을 건너가는 상황을 상상해보실까요? 건널목은 왕복 8차선으로 꽤 긴 편입니다. 반을 채 못 가서 파란 불이 깜빡이기 시작합니다. 아마 즉각적으로 뛰거나 같은 속도로 걷는 결정을 할 것입니다. 얼핏 보기에 우리는 무언가를 본 후(인지/지각) 바로 어떤 의사결정을 하는 것 같습니다.

그러나 슬로우 카메라로 촬영하여 느린 속도로 재생해 보는 것처럼 이 과정을 천천히 보면 두 가지 단계가 더 있습니다. 바로 내적반응과 상황판단 단계인데요, 아래와 같은 흐름이 가능하겠습니다.

1 본다(지각) → '이런!!!'(놀람, 내적반응) → '곧 신호가 바뀌겠군!' (판단) → 뛴다(의사결정)

2 본다(지각) → '음…'(무덤덤, 내적반응) → '시간은 충분해'(판 단) → 같은 속도로 걷는다(결정)

이것이 자연스러운 사고의 흐름입니다. 즉 지각부터 의사결정까지 자연스러운 4단계의 흐름이 있습니다. 같은 것을 발견하고 왜 어떨 때는 또는 누군가는 놀라고 누군가는 무덤덤할까요? 그 사람의 성향, 처한 상황의 특성과 맥락에 따라 즉각적으로 몸이 반응하는 것입니다. 그것은 '생각(판단)' 이전에 나타납니다.

다음 그림을 보면서 4단계 개념을 더 확실히 이해하시기 바랍니다. 각 단계의 영문 앞자를 연결하여 "ORID(오리드)"라는 별칭이 붙었습니다.

4단계 사고의 흐름

지각단계 Objective

객관적인 **사실** 공유 **정보** 수집,
공유

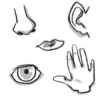

반응단계 Reflective

마음에 떠오르는 감정, 느낌,**연상**
되는 이미지를 알아차림

결정단계 Decisional

방향설정, **결론** 내림, 실행전략
수립 합의

판단단계 Interpretive

가치,의미 **해석** 다양한 가능성/대안
모색

다른 팀에 다녀왔던 팀원과의 대화로 다시 돌아가 볼까요? 첫째,
어떤 대화를 주고 받았는지 사실을 파악하고 둘째, 어떤 말을 했을
때 ○○팀장의 반응이 안 좋아졌는지 ○○팀장에게 나타났을 내적
반응을 살피는 것이 자연스러운 흐름이 됩니다. 셋째로 왜 그런 반응

을 보였을지, 무엇이 중요한지 상황을 해석해 본 후 마지막으로 그렇다면 어떻게 해야겠다는 의사결정에 이르게 되는 것입니다. 여러분 대부분은 ORID를 모르고도 자연스러운 답을 찾았을 것입니다. ORID를 알고 있으면 더 어려운 대화, 더 길고 복잡한 논의에도 당황하지 않고 활용할 수 있습니다.

만약 팀장인 여러분이 논리적으로 생각하지 않고 이렇게 물었다면 어떻게 될까요?

"그래서 어떻게 할 거야, 전화 왔는데 어떻게 할 거냐고?"

또는 "당장 가서 사과해"라고 결론부터 내린다면 어떨까요?

효과적인 대화는 아닌 것 같습니다. 팀원으로부터 의미있는 정보를 얻고 합리적인 상황판단을 하기는 어려울 것입니다. 부모가 아이의 시험성적이 떨어졌다고 해서 "어떡할 거야, 어떡할 거냐고."라고 다그치기부터 하거나, "학원 가자"라고 자신의 결론부터 들이민다면 자녀와의 신뢰 있는 관계는 점점 멀어질 것입니다. ORID 대화로 하면 어떨까요?

"○○아 지난 번보다 점수가 많이 낮아졌구나." (O)

"너도 마음이 안 좋을 것 같은데.. 좀 어떠니?" (R)

"성적이 내려간 이유가 있을까?" (I)

"아 그렇구나. 그러면 내가 어떻게 도와주면 좋을까?" (D)

이만 하면 훌륭한 대화죠?

사실 파악도 해 보지 않고 감정이 앞서거나, 내적 반응을 살피지 않고 피상적인 논의에 머물거나, 제대로 해석(판단)해보지 않고 섣불리 결론을 내리거나, 흐지부지 결론을 제대로 내지 않는 경우가 많을 것입니다. ORID 질문을 스스로에게 던지며 어떤 순서로 이야기를 풀어갈지 생각해보고, 워크숍 상황이라면 참석자들이 하나의 주제에 대해 깊이 생각해볼 수 있도록 ORID 질문을 활용해보시는 것이 어떨까요?

★ 집중대화기법(ToP The Focused Conversation Method, ORID)은 이 책의 짧은 지면으로 모두 설명하기는 어렵습니다. 다만 독자에게 새로운 정보를 제공하는 것이므로, 정식으로 교육받고자 한다면 ICA 한국지부인 ORP연구소에 문의해 보시기 바랍니다. ORP연구소는 ToP 방법론에 대한 정식 교육 프로그램 운영을 허가받은 조직개발 및 퍼실리테이션 컨설팅사입니다.

반응 단계의 중요성

4가지 단계 중에서 간과하기 쉬운 단계가 하나 있습니다. 어떤 단계일까요? 네 '반응' 단계입니다.

인지심리학 등의 연구결과에 의하면 어떤 상황을 지각한 후 마음속에 반응이 일어나기까지의 시간은 길어야 1/200초, 빠르면 1/1000초라고 합니다. 이렇게 순간적으로 일어나는 단계이기에 파악하기가 어렵습니다. 어떻게 할지 '생각(판단)'을 하기까지는 그에 비하면 꽤 많은 시간이 걸리는 셈입니다. 학업을 계속할까, 취업전선으로 나갈까 등의 고민은 매우 오랜 시간이 소요되는 판단 과정이 될 것입니다.

어떤 그림을 보고 왠지 모르게 벅차오르는 느낌이 들 수 있습니다. 왜 그런 느낌이 드는지는 곰곰이 생각해보면 알 수 있습니다. 떠오르는 반응을 살피다 보면 생각치 못한 이유를 찾을 수도 있습니다. 따라서 무언가를 맞닥뜨렸을 때 내 마음속에서 일어나는 파문, 반응, 즉각적으로 연상되는 무엇을 살펴보는 것은 미처 생각하지 못했던 것들을 발견하게 해주며, 올바른 결정을 하는 데 큰 도움이 됩니다.

아래 사례는 저의 동료가 전해준 지인의 이야기입니다. 내적 반응을 살피는 것이 왜 중요한지를 잘 보여주고 있습니다.

"오래 전 진로 탐색 중 심리 상담가에 대한 관심이 생겨서 전문가에게 실제 상담을 한 적이 있었습니다. 3~4차례 진행하다가 제게 이런 말씀을 하시더군요. 제 말에는 감정이 잘 드러나지 않는다구요. 처음에는 좋은 얘기인 줄 알았습니다. 그런데 2가지 문제가 있다는군요. 첫째는 마음이 원하는 일을 머리가 탓해서 충돌이 일어날 수 있다는 것이고, 둘째로는 감정을 모르면 자기가 정말 뭘 원하는지도 모르기 쉽다는 겁니다. 이 얘기를 듣고 깨달음이 컸고 이후 제 감정에 대해 파악하고 표현하려는 노력을 의식적으로 했었습니다. 다른 사람의 감정도 좀더 세심히 파악하려 했구요."

위 2가지 문제들이 집단의사소통이나 조직에서도 일어날 수 있습니다. 예를 들어, 구성원의 우려하는 반응을 고려하지 않고 곧바로 제안이나 정책에 대해 논의하고 결정하면 문제가 생길 수 있습니다. 첫째, 감정적인 저항이 문제입니다. 의사결정에 이성보다 감정이 더 큰 영향력을 미친다는 연구 결과들이 익히 알려져 있습니다. 사람의 감정적 반응을 살피지 않고 논의를 하면 공감할 수 없는 결정을 내릴 수 있습니다. 공감 안 되는 결정이 과연 실행으로 잘 이어질 수 있을까요? 둘째, 사람들의 직관을 자극하지 못할 수 있습니다. 구성원들이 오랫동안 해당 주제에 대해 해왔던 고민, 경험의 시간들이 쌓이고 버무려져 어느 순간 '이거다!' 하는 나름의 답이 되어 나오기도 합니다. 경험많은 사람들의 직관이 때로 부정적인 선입견으로 작용할 수도 있지만때로는 직관적인 통찰을 제공하기도 한다는 점을 이해한다면 반응과직관의 세계를 무시하기는 어려울 것입니다.

따라서 퍼실리테이터는 집단의사소통을 도울 때 반응이나 감정과 관련된 단어, 유의미한 비언어메시지들을 잘 포착할 필요가 있습니다. 만약 새로운 제도에 대해 구성원들의 저항감이 클 때, "저항감이 있음"을 표현할 수 있도록 하고, 왜 그런 마음이 드는지 논의하다 보면 더 좋은 적용 방안을 찾을 수도 있고, 최소한 우려를 충분히 표현한 것으로써 내적 갈등을 완화할 수도 있을 것입니다.

왼쪽 사람은 정말 좋다고 말하는 것일까요?
표정과 몸짓 등 바디랭귀지의 해석도 중요합니다.

03

학습한 질문들이 소용없을 때
퀘스천 버스트
(Question Burst)

퀘스천 버스트는 질문을 폭발시킨다는 의미인데, 기업문화 혁신에 관한 권위자이자 "혁신가의 DNS" 공동저자인 할 그레거센(Hal Gregersen)이 고안하였습니다. 솔직한 질문이 새로운 생각을 일으킨 다는 점을 역설한 사회학자 파커 파머(Parker Palmer)로부터 영향을 받았다고 합니다.

퀘스천 버스트를 가장 잘 이해할 수 있는 다른 말은 "질문 브레인스토밍"일 것입니다. 말 그대로 어떤 안건에 대해 답을 브레인스토밍하는 것이 아니라, 답을 잘 찾기 위한 질문을 브레인스토밍하는 것입니다. 2018년 한 세미나에서 직접 시도해보았을 때 그 효과를 바로 알 수 있었습니다. 마침 참석자 A는 "조직의 리더로서 함께 일하는 동료들에게 어떻게 피드백을 주는 것이 좋을지 조언이 필요하다"는 당시 고민을 말해주었고, 우리는 A에게 좋은 방법을 제안하는 대신 질문을 하기로 했습니다.

약 40여 개의 질문이 쏟아졌습니다. 기억 나는 몇 가지만 적어보겠습니다.

- 평소에 어떻게 피드백을 합니까?
- 주로 어떤 내용에 대해 피드백을 하게 되나요?
- 피드백을 주었을 때 어떤 문제가 발생했나요? 그 이유는 무엇이라고 생각합니까?
- 어떤 구성원에게 피드백을 줄 때 가장 어려웠나요?
- 어떤 피드백을 받을 때 기분이 좋거나 나쁘신가요?
- 피드백을 주는 방법에 대해 학습한 적이 있나요?
- 피드백의 목적이나 본질이 무엇이라고 생각합니까?

A는 그 중 몇 개의 질문을 보며 "아! 어떻게 해야할지 알 것 같아요!"라며 스스로 답을 찾았고 이 사실에 매우 기뻐하였습니다. 참석자들은 궁금한 것을 물어보기만 하고 해답을 고민하지 않아도 되니 또한 좋아하였습니다.

1 브레인스토밍 기법과 같은 4대 규칙과 진행 순서에 따라 참석자들이 질문을 발산하게 합니다.
2 이때 질문에 즉각적으로 답하지 않고 계속 질문만 발상하도록 주의해야 합니다.
3 질문 발상을 마치면 핵심질문을 선정하여 그 질문에 답하면서 아이디어를 얻습니다.
4 비판하려는 의도에서 나오거나 공격적인 질문이 되지 않도록 주의합니다.
5 모든 질문을 차트에 기록하여 답을 찾을 때 이용할 수 있도록 합니다.

워크숍 참석자들과 퀘스천 버스트를 해보았을 때 참석자들의 반응은 다음과 같았습니다.

다른 사람들의 질문을 보니 다른 질문들이 연상되었습니다.
한 주제에 대해 다 같이 초점을 맞출 수 있었습니다.
질문들을 보니 더 많은 답(아이디어)이 떠오릅니다.
자유롭게 말하면서도 더 집중하게 되었습니다.
어떤 질문은 보자마자 아하! 하고 답이 떠올랐습니다.

퍼실리테이터가 워크숍을 계획할 때도 스스로에게 수 많은 질문을 던져보게 됩니다. 이 워크숍은 왜 하는 것인가? 어떤 것들을 고려해야 하는가? 참석자들은 어떤 사람들일까? 이 주제에 대해 참석자들이 궁금한 것은 무엇인가? 참석자들이 이상하게 생각하거나 공감하기 어려운 부분은 무엇일까?

더 많은 질문을 던져보고 꼼꼼하게 답변하려고 노력할수록 알차고 탄탄한 워크숍이 될 것입니다. 따라서, 여러분도 어떤 고민이 있다면, 바로 답을 내리려고 하기보다 질문을 다양하게 던져보면 어떨까요? 이 방법도 브레인스토밍에 속하므로 앞서 다루었던 브레인스토밍의 4대 규칙과 진행 요령을 그대로 준수하는 것이 좋겠습니다. 퀘스천 버스트는 브레인스토밍에서 '답'이 아닌 '질문'을 브레인스토밍한다는 점만 다르므로 간단히 해 볼 수 있을 것입니다.

좋은 질문을 위한
궁극의 원리

04

질문 잘 하는 방법이 궁금하다는 분들께 최종적으로 드리고 싶은 답은 '질문에 왕도 없다'입니다. 좀 허무한가요? 살면서 처하는 환경, 우리가 나누는 대화의 소재, 관심사, 무엇인가를 하고자 하는 목표 등에 따라 질문이 달라진다는 점을 생각해볼 때, 어떤 질문이 좋은 질문인지, 좋은 질문은 어떻게 만들어야 하는지에 대해 속시원한 답을 내기 어려운 것이 사실입니다. 앞서 설명한 것과 같이, 기존에 이미 만들어 활용하고 있는 질문들을 익히고 활용하는 것과 좋은 질문을 만났을 때 어떤 상황에서 이런 질문이 신통했는지 하나하나 익히는 것이 최선일지도 모릅니다.

그래도 뭔가 비결이 있다면, 질문의 달인들이 하는 말

로 그 답을 대신하려고 합니다. 지금이 어떤 상황인가, 저 사람은 무엇이 가장 답답할까, 그 사건은 왜 일어났을까, 사람들은 왜 저런 반응을 보일까, 상식대로라면 실행했을 제안을 왜 거절했을까… 등이 있습니다. 궁금해야 좋은 질문이 나옵니다.

"지금 가장 속상하거나 답답한 점이 무엇입니까?", "혹시 적절한 조치를 취했음에도 불구하고 이런 일이 벌어진 이유가 무엇이라고 생각하세요?", "만약 한 달 전으로 돌아갈 수 있다면 어떤 점을 바꿔 보고 싶으세요?", "좋은 제안인 것 같은데 거절하신 데에는 이유가 있을 것 같습니다. 이유를 물어봐도 될까요?"……

이 질문들은 좋은 질문일까요? 그건 아무도 모릅니다. 어떤 상황에서 누구에게 왜 묻는지에 따라 좋은 질문이 될 수도 있고 그렇지 않을 수도 있습니다. 다시 말해, "호기심"이 있어야 좋은 질문이 만들어집니다. 호기심은 좋은 질문을 위한 궁극의 원리입니다.

'예, 아니오'로 답하면 되는 폐쇄형 질문보다 자유로운 의견을 말할 수 있는 개방형 질문이 좋다는 것도 하나의 가이드이지 상황에 따라 다를 수 있습니다. 질문 브레인스토밍을 해보면, 호기심이 많은 사람들이 있는 그룹에서 그야말로 질문이 '폭발'하고 정말 무릎을 탁, 칠만큼 좋은 질문이 나옵니다. 좋은 질문에 왕도가 없으니, 좋은 질문을 만들기 위해 호기심을 가지고 'Question'을 'Burst'해보시기 바랍니다! 반드시 좋은 질문을 찾으실 것입니다!

ORID 질문 기법을 회의/워크숍에서
어떻게 활용할 수 있을까요?

ORID를 활용한 질문이 회의/워크숍 각 세션의 주된 질문이 될 수 있습니다.

2가지 사례를 통해 설명드릴 수 있는데, 첫 번째는 팀원들과 함께 효과적으로 정보(자료)를 공유하여 업무를 분담하기 위한 회의에서 사용할 수 있는 질문 예시입니다. 두 번째는 조직문화 활동을 회고하고 개선 방안을 찾기 위한 워크숍의 상세 안건으로 사용할 수 있는 질문 예시입니다.

▌ ORID 질문 활용1 - 정보공유(자료 검토)에 활용 ▌

상황	최근 정부는 차세대 신사업 개발 프로젝트를 공고하였다. 여러분은 이 프로젝트에 제안서를 제출하고자 한다. 제안요청서 분량이 다소 많으며, 매우 중요한 프로젝트이기 만전을 기해야 한다.
대화의 목적	제안요청서의 주요 내용을 검토하고 팀원들과 함께 업무를 분담함
Objective	• 어떤 문구들이 보입니까? • 필수적으로 제안서에 담겨야 할 목차는 무엇입니까?
Reflective	• 제안요청서를 살펴 본 전체적인 느낌은 어떻습니까? • 걱정스러운 부분이 있습니까?
Interpretive	• 제안요청서에서 가장 강조하는 핵심 요구사항은 무엇입니까? • 우리가 보여줄 수 있는 강점은 어떤 점들인가요?
Decisional	• 제안서 작성을 어떤 일정으로 진행할까요? • 누가 무엇을 담당하면 좋을까요?

ORID 질문 활용2 - 회의 Agenda로 활용

상황	여러분의 팀은 지난 3년 간 조직문화 개선을 위해 다양한 활동을 해왔다. 그 간의 활동을 회고하고 앞으로 대응 계획을 수립하기 위한 워크숍을 개최하게 되었다. ORID 질문으로 프로세스를 기획하고자 한다.
대화의 목적	그간의 활동을 회고하고 개선된 활동계획을 수립함
Objective	• 그동안 조직문화 개선을 위해 어떤 활동을 해 왔는가? • 연도별 핵심 활동 내용은 무엇인가?
Reflective	• 조직문화 활동을 하면서 가장 보람있고 즐거웠던 순간은 언제였는가? • 가장 힘들거나 허무했던 순간은 언제였는가?
Interpretive	• 그렇다면 우리는 어떤 성과를 거두었다고 볼 수 있는가? • 실패한 점이 있다면 어떤 면에서 그러한가?
Decisional	• 향후 조직문화 개선 활동의 올바른 방향은 무엇인가? • 구체적으로 어떤 활동이 필요한가?

#. 또다른 시작을 위한 여섯 번째 성찰

1 지금까지 경험한 여러분의 회의/워크숍에서 기억이 나는 질문은 어떤 내용인가요? 그 질문을 통한 긍정적 또는 부정적 효과는 무엇이었나요?

2 이번 Chapter에서 느낀 점과 새롭게 배운 점, 적용하고 싶은 점은 무엇인가요?

6
CHAPTER

퍼실리테이션 설계와 실행

이제 기법을 활용하며 효과적으로 소통할 수 있을 것 같아.
내년 우리 부서의 사업계획 워크숍을 설계해 봐야겠어.
그런데 프로세스 설계는 어떻게 해야하지?"

성장 질문 06

K가 회의하는 법을 따로 배워야 할 지 고민한 때로부터 많은 시간이 흘렀습니다.

좋은 회의를 만들고자 하는 K의 용기와 성실 때문에, 회사 회의 문화에도 많은 변화가 생겼습니다.

회의 문화 개선 캠페인이 진행되었고, 전문 기관의 도움을 받아 사내 퍼실리테이터도 양성하고 있습니다.

수 차례 짧은 워크숍을 성공적으로 진행하며 대표적인 사내 퍼실리테이터가 되었고,

K의 팀이 속한 부서의 내년도 사업계획 수립 워크숍의 퍼실리테이션을 맡게 되었습니다.

이제, K는 더 체계적인 프로세스 설계가 필요해졌습니다.

퍼실리테이션 디자인이란?

〈비저블 이펙트, 김동준〉에서는 디자인을 '의도'를 가지고 목적 혹은 용도에 맞게, 수단을 활용하여 아주 세세한 부분까지도 의미를 만드는 것' 이라고 정의합니다. 퍼실리테이션 디자인이란 워크숍의 목적과 목표를 달성할 수 있도록 흐름을 기획하고 오프닝부터 클로징까지 전 과정을 상세하게 설계하는 일입니다. 주로 워크숍 프로세스 설계 또는 간단히 프로세스 설계와 같은 뜻으로 쓰입니다.

퍼실리테이터를 회의 진행자로만 생각하기 쉽습니다. 참석자 입장에서는 회의나 워크숍 현장에서만 퍼실리테이터를 보기 때문이지요. 그러나 퍼실리테이터는 실제 회의 진행 시간보다 수 배의 시간을 들여 프로세스를 설계합니다. 회의/워크숍의 목적에 맞게 한정된 시간 동안 특정 참석자들이 집단 의사소통을 통해 유의미한 결과를 얻게 하는 일은 치밀한 사전 계획이 필요하기 때문입니다. 고객과의 첫 미팅부터 자료 조사, 워크숍의 취지와 목적 파악, 이해관계자 및 참석자 분석 등을 통해 5분, 10분 단위로 상세 계획서를 수립합니다.

잠시 초등학교 수학시간으로 돌아가 볼까요? 어떤 숫자가 상자 속으로 쏙 들어가더니 나올 때는 다른 숫자로 바뀌어 나오는 함수(函數)를 기억하실 겁니다. (한자 '함'은 다름 아닌 '상자 함'입니다.) 쏙 들어가는 숫자를 x, 바뀌어 나오는 숫자를 y라고 표현합니다. 퍼실리테이

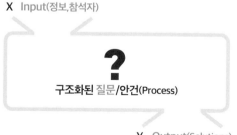

┃ 퍼실리테이션 디자인이란? ┃

• 참석자들이 최선의 대안을 찾을 수 있도록 어떤 질문을 어떤 순서로 던질지 앞서 고민하는것
• Y는 정해져 있지 않으며 참석자들이 만들어 내는 것

X Input(정보,참석자)

?

구조화된 질문/안건(Process)

Y Output(Solutions)

션 프로세스를 설계하는 과정도 이와 유사합니다. 워크숍 개최의 배경, 토의 주제와 성취할 목표, 참석자 등의 정보가 입력(Input)되어 상자 안에서 어떤 과정(Process)을 거치면 목표했던 결과물이 산출(Output)되는 과정으로 볼 수 있습니다.

오프닝은 어떤 분위기로 시작할까? 가장 효과적인 첫 질문은 무엇일까? 어떤 식으로 답하도록 할까? 몇 분을 할애하여 어느 정도의 중간 산출물을 낼까? 중간 산출물의 공유는 어떤 방식으로 할까? 중간즈음 분위기는 어떻게 바뀌어 있을까? 마지막 결론은 어떤 식으로 낼까? 참석자들은 어떤 것에 영향을 받을까? 이런 과정에 다른 돌발 변수는 없을까?… 여러 질문을 던져보며 워크숍의 흐름을 잡아가게 됩니다.

이러한 관점에서 퍼실리테이션 디자인을 정의한다면 "참석자들이 최선의 대안을 찾을 수 있도록 어떤 질문(세부안건)을 어떤 순서로 던질지 앞서 고민하는 것"이라고 말할 수 있습니다. 참석자들이 어떤 여정을 거쳐야 회의 산출물을 효과적으로 도출할 수 있는지를 고민하는 것입니다.

퍼실리테이션 디자인을 위한 3P 분석

프로세스를 설계하기 위해 가장 먼저 수행할 것은 3P(Purpose, Product, Participant) 분석입니다. 워크숍을 개최하는 취지와 목적의 정확한 이해, 목표산출물 정의, 참석자 파악이 되어야 어떤 질문을 어떤 순서로 던질지 가능할 수 있습니다. 해당 워크숍의 담당자와 의사결정권자 면담을 통해 3P를 파악하게 됩니다.

⎮ 3P 분석 ⎮

Purpose(목적)	Product(산출물)	Participant(참석자)
why	**what**	**who**
• 이 회의를 왜 여는가? • 회의의 목적이 무엇인가?	• 얻고자 하는 것이 무엇인 가? 어떤 질문을 던질 것 인가	• 참석자는 누구? • 참석자는 관점은?

· HOW : 회의를 어떻게 진행할 것인가?(Process)

그림에서 보이듯이, 3P 분석을 통해 워크숍의 흐름이 만들어지고, 여기에 예상되는 돌발 사항, 계획에 차질을 빚을 수도 있는 잠재 문제(Probable issues)을 고려하여 최종 프로세스(Process)가 완성됩니다. The Secrets of Facilitaion(번역서 "회의에 날개를 달아주는 퍼실리테이션 스킬")의 저자 마이클 윌킨슨 (Michael Wilkinson)은 아래와 같이 5P를 정의하였고, 많은 퍼실리테이터들이 바이블처럼 활용하고 있습니다. 아래는 원저의 글에서 발췌하여 5P의 의미와 그것을 파악하기 위한 핵심 질문을 정리하였습니다.

★ Purpose(목적) 워크숍을 왜 여는가? 핵심 목표는 무엇인가?

- 어떤 문제를 해결하려고 노력하는가?
- 문제가 있다는 것을 어떻게 아는가? 어떤 징후가 있는가?
- 이 문제가 해결되지 않는다는 것을 무엇을 통해 알 수 있는가?

★ Product(산출물) 워크숍을 마쳤을 때 우리는 무엇을 얻을 것인가?
워크숍이 성공적이었다는 것을 무엇으로 알 수 있는가?

- 어떤 유형적 결과물이나 달성할 일이 정해져야 하는가?
- 그 이외 어떤 무형적 결과물이 나오기를 바라는가?
- 3개월 뒤, 성공적으로 일을 달성했는지 알 수 있는 방법은 무엇인가?

★ Participants(참석자) 누가 관여해야 하는가? 그들의 관점은 어떤가?

- 그 결정에 의해 영향을 받게 될 사람은 누구인가?
- 그들은 그 프로세스에서 어느 정도 참여해야 하는가?
- 반드시 참석해야 하거나, 심지어 다른 사람이 대리 출석이라도 해야 할 정도로 견해, 참여, 호응이 중요한 사람은 누구인가?

★ Probable issues(잠재 문제) 어떤 우려가 생길 것 같은가? 창의적인 산출물을 도출하고 목적을 달성하는 데 방해가 되는 것들은 무엇이 있는가?

- 그 문제를 다룰 때 생겨날 수 있는 어려움은 무엇인가?
- 이 워크숍에서 거론되어서는 안 되는 주제나 단어는 무엇인가?
- 그 밖에 퍼실리테이터가 꼭 알아야할 유의 사항이 있다면 무엇인가?

★ Process(진행과정) 워크숍의 목적을 달성하고 목표한 산출물을 얻을 수 있는 최적의 프로세스는 무엇인가?
- 동일 참석자들이 비슷한 주제로 워크숍을 한 적이 있었는가?
- 워크숍에 필요하다고 생각하는 시간은 어느 정도인가?
- 워크숍 결과는 어떻게 정리되어야 하는가?

위 세 가지(Purpose, Product, Participant)를 핵심적인 3P로, 아래 두 가지(Probable issues, Process)를 포함하여 5P로 분류합니다. 그런데 여기서 좀더 생생한 사례로, Purpose와 Product의 차이를 이해할 필요가 있습니다. 어떤 워크숍의 목적(Purpose)이 "팀 내 협업 개선"이라면 여러분은 어떤 프로세스를 떠올릴 수 있을까요? 아직은 막연할 것인데요, 아직 산출물(Product) 정의가 되어 있지 않기 때문입니다. 아래와 같은 산출물을 목표로 한다면 어떨까요?

-팀으로서의 비전

-협력을 촉진할 5가지 규범"

이제 프로세스를 떠올려볼 수 있을까요? 훨씬 구체화할 수 있을 것입니다. 산출물이 정의되지 않으면 워크숍을 설계할 수 없습니다. "비전 수립"이라는 목적을 가진 워크숍이라고 해도 목표하는 산출물이 "미션 슬로건과 비전 슬로건"인 경우와 "비전 슬로건과 향후 3년 비전 목표(예를 들어 매출 2배)"인 경우는 워크숍의 프로세스가 다를 것입니다. 이제 3P, 5P를 모두 이해하셨나요?

이 외 퍼실리테이터들이 상당히 중요하게 생각하는 6번째 'P'가 있다면 아마도 'Place(장소)'일 것입니다. 참석자들이 가장 몰입할 수 있는 토의 환경을 조성하는 일은 퍼실리테이터의 중요한 임무이기도 합니다.

회의/워크숍 장소 특성에 따라 세부 설계가 달라질 수 있으므로 아래 질문 등을 통해 장소 특성을 우선 파악해야 합니다. 토의하기 좋은 장소인지 판단하기 위해서는 아래와 같은 사항들을 체크합니다.

- **위치** 업무에서 벗어나 워크숍에 오롯이 몰입할 수 있는 장소인가?
- **크기** 분임토의와 전체 토의를 원활하게 할 수 있는 충분한 면적인가? 20명이 분임토의를 한다면 스쿨식으로 40~60명을 수용

할 수 있는 면적이 적당합니다.

- **벽** 실시간으로 기록되는 차트 산출물을 전시할 만큼 충분한 벽 공간이 있는가? 산출물을 시간 순으로 부착하여 논의의 흐름을 보여주어야 하므로 충분한 면적의 벽이 필요합니다.

- **소리** 소리가 울리지 않는가? 흡음벽 처리가 된 공간은 훨씬 몰입감이 생깁니다. 콘크리트 벽에 페인트만 칠한 벽이나 노출 콘크리트 천정으로 된 곳에서는 소리가 울리고 여러 음파가 튕겨져 나오며 섞이기 때문에 사람들의 신경을 예민하게 하고 피로가 쌓여 몰입을 방해합니다.

- **조명** 강의실이나 회의실처럼 맑은 정신으로 장시간 집중해야하는 경우 조명이 자연광에 가깝게 밝아야 합니다. 최근에 강의장 조명이 분위기 있는 저녁 식사 연회장처럼 주황색의 낮은 조도로 설치되는 경향이 있는데, 그런 경우 눈과 신체의 피로가 매우 큰 문제가 있습니다.

- **기자재** 테이블, 의자, 빔 프로젝터, 마이크와 스피커, 컴퓨터 사용 환경 등을 잘 갖추고 있는가? 기자재를 잘 갖출수록 그룹의 시각, 청각적 소통에 효과적일 것입니다.

- **입실 가능 시간** 시작하기 2시간 전에 입실이 가능한가? 여러 사람의 효과적인 소통을 돕기 위해서는 사전에 준비할 것이 많기 때문에 시작 전에 충분한 시간을 확보해야 합니다.

워크숍 장소 선정할 때 유의 사항

퍼실리테이션 워크숍을 처음 경험하는 고객 중에 회의실이 아닌 카페 같은 공간에서 진행되기를 바랄 때가 있습니다. 그런 공간 경우 일견 보기에 참 예쁩니다. 그러나 카페의 용도는 삼삼오오 모여 담소를 나누는 것 토를 위한 공간이 아니기 때문에 워크숍의 질을 담보하기 매우 어려운 경우가 많습니다. 월드카페 방식의 토의 등 특별히 카페가 어울리는 워크숍이 있지만 대부분의 경우 잘 맞지 않습니다. 산출물을 붙일 벽이 없거나, 면적이 참석자 대비 협소한 경우도 있고 시각적으로 멋을 낸 공간 중에는 노출 콘크리트로 인해 소리 파동이 튕겨져나와 소리가 울리고 주의집중에 매우 어려움을 주는 공간도 많습니다. 축구팀 11명이 농구장에서 축구화를 신고 자유롭게 축구를 할 수 없습니다. 워크숍에 맞는 적절한 장소 선정은 성공적인 워크숍의 첫 걸음입니다.

프로세스
설계

3P 분석을 통해 프로세스를 설계하게 됩니다. 프로세스 설계는 퍼실리테이션의 핵심활동이며 가장 시간을 요하는 활동이기도 합니다. 퍼실리테이터가 그 동안 쌓아온 배경지식과 퍼실리테이션 지식, 선호하는 기법 등에 따라 같은 3P 분석결과를 가지고도 저마다 다른 프로세스를 설계하게 될 것입니다.

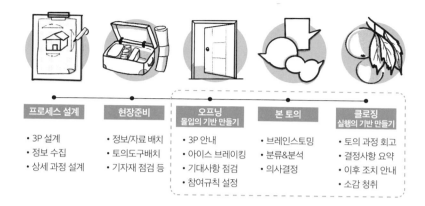

프로세스 설계	현장준비	오프닝 몰입의 기반 만들기	본 토의	클로징 실행의 기반 만들기
• 3P 설계 • 정보 수집 • 상세 과정 설계	• 정보/자료 배치 • 토의도구배치 • 기자재 점검 등	• 3P 안내 • 아이스 브레이킹 • 기대사항 점검 • 참여규칙 설정	• 브레인스토밍 • 분류&분석 • 의사결정	• 토의 과정 회고 • 결정사항 요약 • 이후 조치 안내 • 소감 청취

　　어떤 프로세스가 좋다거나 나쁘다고 이야기하기도 매우 어렵습니다. 퍼실리테이터가 잘 구현할 수 있고 참석자들이 몰입하여 참여할 수 있는 프로세스라면 잘 설계된 것입니다. 다만, 다음 사항들을 알고 있다면 길을 잡아가는 데 도움이 될 것입니다.

- 참석자 입장에 대한 호기심을 가지고 질문을 던져보자.
- 워크숍의 안건 특성에 따라 표준 프로세스가 존재하므로, 참고하여 구상하자.
- '징검다리 질문'을 활용하여 자연스럽게 몰입하는 과정을 상세하게 설계하자
- '프로세스는 논리적으로, 매체는 감성적으로, 기법은 촉진적으로'
- 상세진행계획서로 마무리하자

3P 분석을 통해서 개최자의 의도와 워크숍 핵심 안건 등 워크숍에 관한 주요 정보를 얻었더라도 워크숍을 설계하는 과정에서 지속적으로 놓치지 말고 검토해야할 것은 워크숍의 맥락과 참석자 관점입니다. 워크숍의 맥락을 놓치면 모든 것을 놓치는 것입니다. 워크숍의 주인공은 참석자임을 잊으면 안 됩니다. 다음 질문들은 퍼실리테이터가 참석자 입장을 파악하기 위해 해야할 질문, 체크해보아야 하는 사항들입니다.

- 이 주제와 관련하여 해당 조직은 어떤 경험을 해 왔는가?
- 이 주제가 왜 중요하고 3P 분석 결과와는 어떻게 연결되는가?
- 이 워크숍의 중요한 맥락은 무엇이고 참석자들은 그것을 어느 정도 이해하고 있는가?
- 이 워크숍에 들어오는 참석자들의 마음은 어떨까?
- 그들은 이 사안을 어떻게 바라보고 있을까?
- 의사결정권자와 관점이 다르다면 어떻게 다른가?
- 이 간극을 어떻게 좁힐 수 있을까?
- 참석자들에게 무엇을 물어보고 싶은가?
- 그것을 묻고 싶은 이유는 무엇인가?
- 그 질문에 참석자들은 어떤 반응을 보일까요?
- 어떤 답변들이 나올까?

- 왜 그런 답변을 할 것이라고 생각하나?

② 접근방법 : 기존 프로세스와 방법론을 참고하자

3P 분석 결과와 위의 질문을 잘 활용한다면 워크숍 프로세스를 설계할 수 있지만, 경험이 별로 없는 초심자들이 가장 궁금해하는 것 중 하나가 참고할 프로세스 사례이기 때문에 이 지면을 빌어 몇 가지 기존의 프로세스 또는 워크숍 방법론를 제시해보고자 합니다.

기존의 프로세스란 경험 많은 퍼실리테이터들이 현장에 적용하여 검증한 프로세스인데, 꼭 그대로 해야 하는 "표준"이라 하기 보다 참고할 만한 "예시" 프로세스라고 이해하는 것이 더 좋겠습니다. 몇 가지 널리 검증된 프로세스와 방법론이 있지만 같은 주제의 워크숍이라 하더라도 여러분의 조직이 처한 상황과 맥락에 따라 전혀 다른 프로세스가 필요할 수 있습니다. '이런 주제로 이렇게 할 수 있구나', '이런 접근방법이 있구나'라는 앎이 여러분 워크숍에 맞는 프로세스를 설계하는 데 도움이 될 것입니다.

문제해결을 위한 GE 워크아웃(Workout™)

문제없는 조직은 없습니다. 잘 해결하는 조직이 있을 뿐입니다. 업무 효율을 떨어뜨리는 고질적인 문제를 해결하기 위해서는 상식적으로 생각해도 원인을 파악하고 해결안을 찾는 순서가 될 것입니다. 당연해 보이지만, 집단지성을 이용하여 관련자 그룹이 함께 해결해 나가는 과정을 어떻게 설계할지 막막하기도 합니다. 일찍이 GE는 전문 퍼실리테이터와 함께 문제해결 워크숍 프로세스를 정립하고 이를 중장기 조직혁신의 원동력으로 삼았으며, 이 방법은 아직까지도 많은 조직들이 문제 해결에 활용하고 있기도 합니다.

거창하고 장기적인 조치가 아닌, 실무자 선에서 90일 안에 해결할 수 있도록 손에 잡히는 구체적인 방안을 도출하도록 하고, 최종 의사결정권자가 지체없이 의사결정하여 채택된 제안은 반드시 실행하도록 아낌없이 지원한다는 것을 골자로 합니다.

GE 워크아웃의 개념과 상세한 운영 방법을 소개한 책이 시중에 많이 나와 있으니 참고하시기 바랍니다.

Work-out™의 핵심내용

- 1980년대 초, 조직의 관료주의 제거 및 업무 효율화(업무 다이어트)를 목적으로 시작
- 비지니스 프로세스 개선, 조직문화 변화의핵심도구로 발전한 GE의 경영 혁신 프로그램
- 프로세스

이슈(안건) 정의 ▸ 핵심문제 선정 ▸ 해결안 도출 ▸ 제안서 (액션플랜)작성 ▸ 발표 (Town Meeting)

• **필수조건**
• Out of office
• 실무자 중심
• 훈련된 퍼실리테이터의 진행
• 실천가능한 방안(90일 안에 수행 도출)
• Town Meeting: 최종의사결정권자(Sponsor)의 즉석 의사결정(채택/기각)

문제해결의 또 다른 접근, 디자인씽킹(Design Thinking)

디자인씽킹은 제품이나 서비스를 설계하는 '디자이너들이 사고하는 방식'이라는 점을 부각시켜 명명한 방법론입니다. 최근 몇 년 간 문제를 해결하는 새로운 방법으로 매우 인기가 좋습니다. 결국 디자인 씽킹의 과정도 하나의 워크숍 과정이라고 할 수 있습니다. 디자인씽킹에서 강조하는 것은 '이용자의 불편에 공감하라', '구체적인 이용자 유형을 설정하여 문제를 구체적으로 정의하라', '탁상에서 공론하지 말고 실제로 시도해보고 제대로 된 해결안을 내놓으라'는 것으로 요약할 수 있습니다.

디자인씽킹의 프로세스는 다음과 같습니다.

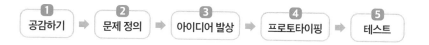

테스트해보며 필요에 따라 1, 2, 3, 4단계로 돌아가 프로세스를 반복하며 사용자의 니즈를 충족시키는 산출물로 빠르게 만들어 가게 됩니다.

어떤 이들은 일반적인 퍼실리테이션 워크숍의 결과가 모호하고 결국 행동으로 이어지지 않는다는 점을 한계로 지적하기도 합니다. 실제로 아무리 좋은 GE 워크아웃 프로세스로 워크숍을 진행한다 해도, 충분히 시간을 확보하지 못하면 '메일 소통 방법을 개선하자'는 모호한 구호 같은 결론으로 마치게 되고 이런 결론으로는 실행으로 이어가기 어렵습니다. 워크숍의 결론은 구체적인 "액션플랜"이어야 합니다.

이런 관점에서 전문 퍼실리테이터에게, GE 워크아웃과 디자인씽킹 접근법이 전혀 다른 방법은 아닙니다. 사전 설계 단계에서 문제를 정의할 때, 예비 참석자들의 생생한 의견으로부터 문제를 정확하게 짚어내고, 회의실 문을 닫고 나가는 순간부터 실행으로 이어갈 수 있을 정도의 구체적인 방안을 시뮬레이션(프로토타이핑)해 볼 수 있도록 워크숍을 진행하게 됩니다.

실제로 전문성이 높은 퍼실리테이터라면 고객이 의뢰한 '워크숍이라는 서비스'를 설계하고 구현하는 과정에도 디자인씽킹 프로세스를 적용하고 있을 것입니다. 안건과 관련해서 이해관계자가 겪는 어려움, 해결해야하는 문제에 공감할 수 없으면 워크숍을 설계할 수 없습니다. 설계한 프로세스가 잘 작동할지 사전에 충분히 시뮬레이션 해봅니다. 다만, 시뮬레이션의 방법은 퍼실리테이터마다 노하우가 조금씩 다르겠지요.

미션, 비전, 미래전략을 수립할 때, Future Search(미래 탐색) 워크숍

조직의 미래 전략을 수립할 때 가장 참고할 만한 방법론이자 프로세스는 '퓨처서치'입니다. 조직의 과거 걸어온 길을 회고하고, 현재 처한 내/외부 환경을 분석하여 우리가 나아가고자 하는 미래 모습을 설정한 후, 전략 아이디어를 도출하는 과정으로 요약할 수 있습니다. 눈여겨볼 만한 점은, 다양한 이해관계가 있는 참석자들이 결국 모두 '같은 세계'에 살고 있으며 '공통의 목적'을 가지고 모였다는 점을 깨닫게 함으로써 조직 전체 관점에서 의미로운 의사결정을 하도록 돕는다는 점입니다.

퍼실리테이션 기법 관점에서 특이한 점은 1일차 오후에 시작하여 '현재 환경분석'과 '공통의 기반 찾기'를 이틀에 걸쳐 진행한다는 점입니다. 하루 밤을 지나며 머리 속에서 정보가 정돈되고 판단이 숙성되는 시간을 갖기 위해서입니다. 요즘처럼 빠르게 변하는 시대에 원래의 프로세스 그대로 진행하기가 쉽지 않겠지만, 무엇보다 미래 전략을 수립하는 일이라면 그 정도 시간을 써야하지 않을까요? 아마 전략 전문가에게 컨설팅을 의뢰한다고 해도 몇 주는 걸릴 것입니다. 우리 조직을 가장 잘 알고 있는 구성원들이 머리를 맞대고 결론을 도출한다면 전략의 수용력과 실행력도 높아질 것입니다. 3일은 결코 아까운 시간이 아닐 것입니다.

Future Search의 핵심내용

- 과거 – 현재 – 미래에 관한 열린 대화를 통해 나와 너 각자의 문제를 '우리'의 문제로 인식하도록
 '공통의 기반'을 만듦으로써 미래전략을 수립함. 1960년부터 시작
- 프로세스

1일차 오후	1일차 오후		2일차 오후	3일차 오전/이른오후	
과거: 역사회고	현재: 외부 환경 분석	현재: 시사점	미래: 이상적 미래 상상	공통의 기반찾기	Action Planning

성공 요건

- Whole system in the room: 주제 관련한 모든 **이해당사자들이 한 방**에 모임
- Think Globally, Act Locally: **"같은 세계"**에서 살고 있음에 초점. 액션은 현실에 맞게
- Focusing on the Future and Common Ground: 과거의 문제/갈등보다 **미래/공통점에 집중**
- Self-managing and Taking Responsibility for Action: **자발적** 실천

조직문화 개선을 위한 긍정탐구(AI, Appreciative Inquiry)

조직의 문제를 다룰 때, "문제가 무엇인가?"라는 질문으로 시작하는 경우가 많습니다. 다소 부정적인 접근법인데요. 이런 점에 착안하여 "우리가 무엇을 잘하지?"라는 질문으로 시작하는 방법론이 있습니다. 특히, 최근 조직상황이 매우 좋지 않은데 돌파구를 만들어야 하는 상황이라면 이 방법이 훨씬 긍정적인 영향을 줄지도 모릅니다.

조직의 성공경험을 발굴하고(Discovery), 성공적인 미래를 상상한 후(Dream) 그 상상을 실현할 아이디어를 생각(Design)해볼 수 있을 것입니다. 그리고 그 아이디어를 실행할 구체적인 계획(Deliver)을 수립하는 것으로 AI의 4D 사이클이 완성됩니다. 이 방법은 조직문화의

변화뿐 아니라 미래 전략 수립에도 활용되곤 합니다.

AI 붐과 함께 몇 권의 책이 출판되어 있으니 참고하시면 좋겠네요.

Appreciative Inquiry (긍정탐구)의 핵심내용
- '문제' 중심의 논의를 지속적으로 반복하는 것보다 구성원들의 성공경험과 강점에 초점을 맞춤 으로 써 조직의 긍정적 변화를 이끌어 내는 조직개발 이론
- David Cooperrider와 Suresh Srivastva의 1987년 논문으로 시작
- 프로세스(4D Cycle)

자기조직화를 활용한 OST(Open Space Technology)

OST의 가장 큰 특징은 사전에 상세 안건을 정하지 않고 모인 참석자 들이 즉석에서 제안하는 소주제로 자유롭게 논의를 진행한다는 점입 니다. 참석자들은 자신이 관심있는 주제로 모여 토의에 참여하게 되 는데, 둘 발을 온전히 푹 담그고 몰입하라는 뜻에서 '두 발의 법칙'을 전제로 합니다. 관심있는 주제를 찾았다면 벌처럼 열심히 참여하되

어떤 이유에서든 몰입하기 어렵다면 나비처럼 가볍게 훨훨 날아 그 방을 나올 수 있습니다. 대신 자신과 같이 방을 나온 나비들이 모여 새로운 토의 그룹을 형성할 수 있습니다. OST는 와 같이 스스로 그룹을 조직하는 'Self-Organizing(자기 조직화)' 원리를 가장 중요하게 생각하는 방법입니다.

OST는 미국인 해리스 오웬이 개발한 것으로 알려져 있는데요, 우리나라에는 한국오픈스페이스연구소가 오웬의 책을 "셀프오거나이징(용오름 출판)"이라는 제목으로 번역출판하여 자세한 내용을 보실 수 있습니다.

Open Space Technology (OST)의 핵심내용

- 사람들 안에 내재되어 있는 창조성과 리더십을 발휘하는 자기조직화(self-organization) 원리를 이용, 즉석에서 참가자들이 안건을 제안하고 토의 조를 자유롭게 구성하는 워크숍
- 1985년 해리슨 오웬(Harrison Own)이 주창
- 프로세스
  - Opening Circle : 토의하고 싶은 안건을 참석자들이 제안
  - 진행 원리와 규칙 안내 : 4가지 원리, 두 발의 법칙, 꿀벌과 나비의 개념
  - 멀티 세션 : 제안된 여러 안건에 대한 토의를 동시다발적으로 진행(제안자가 토의 진행)
  - Closing Circle : 토의 결과 공유&피드백

주요 용어

- 두 발의 법칙 : 두 발 푹 담그고 세션에 몰입할 것
- 벌 : 관심있는 주제를 선택해서 벌처럼 열심히 참여
- 나비 : 어느 주제도 몰입할 수 없을 때 나비처럼 날아다니다 나비끼리 만나 새로운 토의 구성

지난 2019년 국제퍼실리테이터협회(IAF)의 유럽 컨퍼런스에서도 마지막 날 참가자 전체가 큰 홀에 모여 "IAF 발전과 퍼실리테이션 전파를 위한 OST"세션이 있었는데, 국가별 협회 회원들끼리 모여 발전 방안을 토의하기도 하고, 국제협회의 새로운 활동에 대한 제안을 논의하기도 하는 등 10여 개의 주제로 자유롭게 진행하였습니다.

최근 '오픈스페이스 베타'라는 방법론이 주목받고 있습니다. 조직 문화의 개선을 목적으로 일회성 OST 워크숍을 약 90일 간의 긴 호흡으로 변형한 방법입니다. GE의 워크아웃이 90일 안에 실행할 수 있는 구체적이고 손에 잡히는 해결안에 집중한다는 점을 언급한 바 있습니다. 그리고, 아이디어를 도출한 후 빠른 실험(시제품 제작)을 통해 다시 개선하는 과정을 반복하는 디자인씽킹에 대해서도 말씀드렸습니다. 오픈스페이스 베타는 OST를 큰 틀로 잡고 이 모든 방법을 적절히 융합해 놓은 듯한 느낌인데요, 실제로 조직이 90일 간 조직문화 개선을 위한 활동을 꾸준히 할 수 있다면 효과가 매우 클 것으로 기대됩니다.

그림 2. 2019 IAF 유럽 컨퍼런스. 바닥에 즉석 제안된 소주제 리스트들이 있고, 관심있는 사람들끼리 모여 토의를 진행하고 있습니다.

카페 수다처럼 편안하게, 월드 카페(World Café)

OST 만큼이나 자유로운 형식의 워크숍 방법론입니다. 핵심은 '카페 대화처럼 편안하게' 참여한다는 점입니다. 워크숍이 끝난 후 참가자들에게 어떤 점이 가장 좋았느냐는 질문을 던졌을 때 많은 사람들이 '쉬는 시간에 차마시며 이야기 나눈 것'이라고 답한 것에서 착안하여 워크숍 자체를 카페환경과 비슷하게 연출하게 된 것에서 유래합니다.

각 테이블의 '조장'처럼 '호스트'를 정하고 테이블을 지키며 손님을 맞이하고 나머지 사람들은 마치 손님이 되어 이 테이블 저 테이블로 옮겨 다니며 나눈 이야기들을 공유하고 또 보태어 가는 방식으로 격의 없이 서로의 생각을 나누게 됩니다. "월드카페(북플래너 출판)"라는 번역서가 출판되어 있고 OST와 함께 복잡하거나 어렵지 않은 워크숍 방법론으로 많이 활용되고 있습니다.

World Café의 핵심내용

- 심도있는 문제 해결안을 도출하기보다 참석자들의 다양한 생각을 자유롭게 연결함으로써 광범위하고 창의적인 사고를 촉진하기 위한 워크숍
- 1995년 쥬아니타 브라운 등이 시작

특이사항 : 카페와 유사한 환경 조성
- 테이블 : 테이블보, 차와음료 또는 사탕, 꽃병 등
- 기록: 전지에 낙서 하듯 자유롭게 기록

진행 방법
- 테이블 Host 선정하고 테이블 토의 진행
- 첫 라운드: 질문(토의주제)에 대해 자유롭게 토의
- 다음 라운드: 호스트는 남고 참석자들은 자유롭게 다른 테이블로 이동
- 반복해서 라운드 진행
- 결과 공유

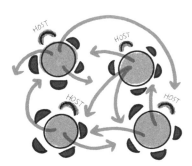

내가 설계하는 워크숍의 목적(Purpose)과 산출물(Product) 그리고 참석자(Participant) 특성에 따라 이와 같은 기존의 접근법과 프로세스를 응용하고 확장하면 훨씬 쉬워집니다. 소개한 방법론 모두 각각 책 한 권이 될 만큼 깊이 연구된 것들이니, 관심있는 분들은 하나씩 섭렵해 나가보시기 바랍니다.

③ 상세 설계 : 징검다리 질문

회의/워크숍 마다 3P가 다르므로, 비슷한 주제라도 다른 질문을 다른 순서로 배치하게 됩니다. 즉, 그 때 그 때 맞춤형 질문을 찾게 되는

데, 그 방법 중 하나가 함께 배웠던 'Question Burst(질문 브레인스토밍)' 입니다. 그리고 지금 소개드릴 '질문 연속체'* 방법입니다. 질문 연속체는 개별 질문을 만드는 것이 아닌 질문과 질문을 연결하는 일련의 질문들을 뜻합니다. 이것을 저의 동료는 징검다리 질문이라고 부르며 아래처럼 설명을 했는데, 허락을 받고 이름을 붙였습니다.

징검다리는 표준국어대사전에 따르며 '개울이나 물이 괸 곳에 돌이나 흙더미를 드문드문 놓아 만든 다리'를 뜻합니다. 또한 '중간에서 양쪽의 관계를 연결하는 매개체를 비유적으로 이르는 말' 이기도 합니다. 따라서 징검다리 질문이란, 목표로 하는 질문을 던졌을 때 그 질문에 대한 대답을 하기 위해 여러 단계의 생각을 거치지 않으면 답이 잘 떠오르지 않거나 피상적이고 뻔한 답을 하기 십상인 상황에서 최종 목표 질문까지 참석자들의 징검다리가 되어줄 중간 질문 또는 매개 질문을 의미합니다. 예를 들어 문제 해결 워크숍 전반부의 결과물을 '우리 조직의 TOP 5 개선과제'라고 가정해봅시다. '우리 조직의 해결해야할 우선순위 개선 과제가 무엇입니까?'라고 결과물 질문을 바로 물어본다면 참석자들이 답하기 쉽지 않을 것입니다.

• '질문연속체'란, 로버트 J. 마르자노와 줄리아 A. 심스가 공저한 《학생 탐구 중심 수업과 질문 연속체》(2017, 사회평론아카데미)에서 소개한 개념으로, 세부 사항 질문, 범주 질문, 정교화 질문, 증거 질문의 네 단계로 구성되는 연속된 질문모델을 말합니다.

최종적으로 얻고자 하는 아이디어에 접근하기 쉽게 '매개 질문'을 놓아줄 필요가 있습니다. 예를 들면 '일하기 힘들거나 효율이 안 난다고 느끼는 순간은 언제입니까?'라는 질문을 먼저 제시할 수 있겠습니다. 징검자리 질문 설계가 잘 되어 있다면 참석자들은 자연스럽게 차츰차츰 핵심 논제에 접근할 것입니다.

징검다리 질문을 어느 정도의 수위로 만들 것인지는 주어진 시간과 주제에 대한 참석자들의 이해도, 공감도 또는 친숙도 등에 따라 다를 것입니다. 별 이유없이 너무 많은 질문으로 변죽을 두드리거나 시간이 너무 없어서 지나치게 단도직입적으로 질문을 설계하는 것은 좋지 않을 것입니다. 퍼실리테이터의 경험과 센스가 필요하겠네요.

최근에는 정부기관에서도 퍼실리테이션 워크숍의 효과를 인지하고 정책 수립 등에 이해관계자들의 의견 수렴 워크숍을 활용하는 추세입니다. 그 중 한 국책연구소가 시민들의 '삶의 공간에서 실험하는 리빙랩(Living Lab)' 워크숍을 주최하고 워크숍 산출물의 현실적 구현에 카이스트의 기술적 지원을 접목하는 과제 사례를 보여드리겠습니다. 일반 시민을 대상으로 "스마트 육아 시티"라는 다소 모호하고 어려운 개념으로 워크숍을 진행해야 했기 때문에 특히 징검다리 질문 설계가 중요했습니다. 이 사례에서는 "가장 시급하고 중요하게 다루어야 할 개선과제는?"이라는 목표 질문으로 참석자들을 안내하기 위해 총 4개의 징검다리 질문을 사용하였습니다.

<○○시 스마트시티 리빙랩 워크숍>

- **목적** : ○○시민의 일상생활 불편함을 ICT(정보통신기술)로 해결하기 위해 인근 지역 시민들과 함께 개선 과제 도출
- **산출물** : 영아/유아/초등학교 저학년/맞벌이 부모별 자녀의 "안전한 이동"을 위한 동선상의 Top 5 개선 과제
- **핵심 질문** : (영아/유아/초등학교 저학년) 아이의 이동에 가장 시급히 해결해야할 개선과제는?
- **참석자** : ○○시 ○○마을 영아/유아/초등학교(저학년)/맞벌이 부모 총 24명 (6명× 4개조)

	질문	매체	기법
징검다리 질문	우리 동네에서 자녀와 함께 찍은 기억 남는 사진은? 선택한 이유는?	개인 핸드폰	짝꿍 대화 후 그룹 대화
	거주지 근처 아이가/와 이동하는 동선의 안전성 정도는?	진단 온도계 (0~100점)	조별 점스티커 투표
	아이의/와 외출 활동 시간과 상황 그리고 문제점은?	24시간 원형 시간표	강제연상법
	○○지역 이동 동선상의 위험하고 불편한 점은?	해당 지역 지도	원더링 플립차트
핵심 질문	가장 시급하고 중요하게 다루어야 하는 개선과제는?	Sticky Wall	카드 분류법 다중 투표

때로, 문제 해결을 위해 워크숍을 해야하는데 2시간에 진행이 가능하냐는 문의를 받습니다. 우리가 정말로 이해관계자들의 문제의식

에 공감하고 상세하고 효과적인 논의를 하려한다면, 어쩌면 여러 단계의 징검다리가 필요할 수 있고, 각각의 징검다리는 상호 공감대를 형성할 충분한 시간이 필요할 수도 있습니다. 이러한 이유로, 중요한 문제를 하나 해결하기 위해 다양한 이해관계자가 참여하는 워크숍은 훨씬 더 많은 시간이 필요합니다.

GE의 워크아웃은 원래 2박 3일을 기본으로 하며, AI(긍정탐구)나 미래탐색(Future Search) 등도 2박 3일에서 3박 4일 정도의 시간을 권합니다. 물론, 다루는 문제의 복잡도, 심각성, 현재 어느 정도까지 논의가 진척되어 있는지, 얼마나 구체적인 산출물을 목표로 하는지 등에 따라 적은 시간을 쓸 수는 있지만, 경험상, 하나의 주제를 다루는 데드는 최소한의 시간은 4시간 이상이 소요됩니다. 4시간 워크숍에서 징검다리 질문은 잘 하면 1~2개 정도 가볍게 쓸 수도 있겠습니다.

④ 엮어내기 : '프로세스는 논리적으로, 기법은 촉진적으로, 매체는 감성적으로'

지금까지 워크숍 프로세스 설계에 관한 노하우를 여러분들과 나누었습니다. 요약해보면, 다음과 같습니다.

- 워크숍이 열리는 취지와 목적뿐 아니라 참석자들이 놓여있는 상황까지 맥락을 정확하게 짚을 것,
- 기존에 잘 개발해 놓은 워크숍 방법론과 프로세스를 참고할 것,

- 징검다리 질문으로 참석자들이 몰입할 수 있는 자연스러운 논리적 흐름을 만들 것.

스마트 육아 시티 사례처럼, 이러한 진행 과정에 어떤 매체와 기법을 접목하면 효과적일지 고민해야할 것입니다. 제가 워크숍 프로세스를 설계할 때 늘 염두에 두는 원칙이 있습니다.

"프로세스는 논리적으로, 기법은 촉진적으로, 매체는 감성적으로"입니다. 기존에 있는 또는 맞춤 질문으로 논리 있게 뼈대를 만들고, 답변을 촉진하는 매체와 기법으로 채우는 설계 연습을 통해 참석자가 주도적으로 답을 찾고 실행하게 하는 '소통 디자이너'로 한걸음 더 나아가시길 응원합니다. 무엇보다 중요한 것은 회의 '진행'에 앞서 '설계'하는 것입니다. 회의를 앞두고 30분이라도 적정 질문과 순서를 고민해 보신다면 회의가 달라지실 것입니다.

이렇게 설계한 결과는 다음과 같은 양식으로 작성해 볼 수 있습니다. 상세진행계획서는 참석자들과 공유하지 않고, 워크숍을 주최한 의사결정권자(스폰서)와 담당자와 공유하고 수정사항이 있는지 검토하게 됩니다. 참석자들과는 간략한 진행순서(draft agenda) 정도로 공유합니다. 즉, 상세진행계획서는 퍼실리테이터가 진행을 위해 만드는 퍼실리테이션이라는 여행의 지도가 되는 것입니다.

여행을 출발했는데 생각치 못한 돌발상황을 만난다면 이 지도를 놓고 재빨리 다른 루트를 찾아야 합니다. 무엇을 생략할 것인지, 변형할 것인지, 추가할 것인지 지도 위에 덧 그리며 길을 찾아가는 것입니다. 이 상세진행계획서는 퍼실리테이터의 자산이자 보물이기에 사전에 준비하신다면 현장에서 큰 효과를 발휘할 것입니다.

진행 순서	상세 진행 계획	준비물	소요시간
오프닝			
본 토의			
클로징			

회의 오프닝에서
신경 써야 할 부분은 무엇인가요?

오프닝은 몰입의 기반을 만드는 단계 입니다.

1 워크숍 취지와 목표, 주요 안건 안내

'이 워크숍이 왜 개최된거지?'

'나(참석자)는 왜 여기에 참석하게 되었지?'

'난 '누군가, 또 여긴 어딘가' 워크숍/회의에 몰입하지 못하는 참석자들의 대표적인 2가지 질문입니다. 퍼실리테이터는 오프닝에서 워크숍 목적, 결과물, 주요안건, 참석자를 명확히 안내하여 이 의문을 해소하고 참여 동기를 부여해야 합니다. 저는 이러한 멘트는 꼭 글로 써보고 사전에 연습해갑니다. 첫 인상이 중요성을 생각하며 워크숍의 첫 모습을 준비합니다.

2 아이스 브레이킹

참석자 간 친목과 신뢰를 형성하여 편안하게 토의에 임할 수 있는 분위기를 조성하기 위함입니다. 편하고 자유롭게 얘기할 수 있는 '심리적 안전'을 만들기 위함이라고 달리 말할 수 있습니다.

3 참석자 기대사항 점검

세부 안건이나 토의 진행방식에 대한 기대사항을 청취하여 기대사항을 최대한 반영함으로써 워크숍에 대한 기대감과 몰입도를 강화시킬 수 있습니다. 회의 취지에 어긋나거나 다루기 어려운 기대사항이 있는지 점검하여 토의 범위에 대한 합의를 이끌어 낼 수도 있습니다.

4 참여 규칙(Ground Rule) 정하기

효과적인 진행을 위해 모두가 지켜야 할 규칙(Ground Rules)을 정하는 것입니다.

효과적인 Ground Rules 만들기

회의 퍼실리테이션의 의미를 기억하시나요? "참석자 모두가 의견을 개진하고 의사결정에 효과적으로 참여할 수 있도록 그룹 의사소통

과정을 설계하고 진행하는 일"입니다. 그라운드룰은 워크숍을 효과적으로 진행하기 위해 모두가 지켜야하는 규칙입니다. 보통 스폰서 또는 이해관계자 미팅을 통해 그라운드 룰을 미리 만들고 현장에서 참석자와 수정하고 합의하는 방법을 많이 사용합니다.

워크숍 시간이 빠듯하거나 평소 지각 문화가 있는 구성원이라면 "시간 엄수"를, 소수가 발언을 장악할 위험이 있다면 "1인 1발언"을, 공격적인 참석자들이 있다면 "사실과 평가 구분", "사람을 비판하지 않는다."를, 주제에 대한 균형적인 마인드가 필요할 때, 예를 들어 산림 보호와 입장객 편의가 충돌하는 상황이라면, "자연을 사랑하는 마음으로, 이용객을 존중하는 마음으로" 라는 규칙을 만들어 볼 수 있겠습니다.

5 주차판(Parking Board) 안내하기

주차판는 정해진 시간 안에 논의하기 어려운 사안을 기록해 놓는 게시판으로 '잠재력 있는 아이디어를 잠시 대기시켜둔다'는 의미를 가지고 있습니다.

- 회의실 한 쪽 벽에 빈 차트를 붙이고 "주차판"이라는 제목을 적어 놓음
- 돌발 안건이나 미결된 과제가 있을 때 기록함
- 상황에 따라 '질문 게시판', '기타의견' 등으로 활용할 수 있음
- 의견은 포스트잇에 적어 붙이거나, 차트에 직접 적을 수 있음

가끔 주제와 다른 내용을 여러 차례 주장하는 참석자가 있는 경우, 주제와 다른 내용을 여러 차례 주장하는 빅마우스 참석자 경우, 퍼실리테이터가 먼저 잘 경청하고 차트에 발언 내용을 적은 뒤 "~~ 이러한 내용이 중요하다고 말씀하시는 군요. 다른 분들도 이해하셨지요?. 발언 감사합니다. 다만 현재 주제와는 조금 별도의 내용이라서 파킹보드에 따로 적고 관련 담당자에게 전달하도록 하겠습니다." 등의 진행을 하는 것입니다. 자신의 얘기를 참석자와 관련 담당자 모두가 잘 들어줬으면 하는 바람이 달성되었기에, 대부분의 경우 다시 얘기를 꺼내지 않게 됩니다.

**워크숍 후 실행까지 연결이 안되는 경우가 종종 있는데,
도출된 결론이 실행으로 이어지도록 돕는 방법은 무엇인가요?**

클로징 단계에서 명확하고 구체적인 결론으로 정리하는 것이 중요합니다. 결론을 내는 단계에서 '이렇게 합시다'는 말로 마무리하지 않아야 합니다. 클로징은 그냥 수고하셨다는 인사를 하는 단계가 아니라, 실행의 기반을 만드는 단계라는 점을 기억하세요.

1 Action Plan 무엇을(What) 누가(Who) 언제(When)까지 할지를 정해야 합니다.

WHAT 구체적인 실행 과업이 무엇인지 명확하게 정리하도록 해야합니다. 2~3시간 정도 시간이 많지 않은 워크숍은 실행계획까지 가지 못하고 구체 액션이 아닌 구호 수준의 결론으로 마치는 경우가 많습니다. 가령 제품 불량률을 낮추기 위한 워크숍에서 해결 아이디어가 '철저하게 관리한다.', '불량 제품이 나오면 징계를 한다.' 정도로 나온다면 이것은 실천계획이 아니라 여전히 '안건'에 불과합니다. 불량 정도나 징계 내용이 구체화되고 명확해야 실천으로 이어질 것입니다.

Who 담당자 실명이나 담당 팀이름이 나와야 합니다. 실명이 부담될

수 있는데, 퍼실리테이션 설계시 워크숍 목적, 결과물, 참석자가 잘 특정되고 동기부여 되었다면 참석자들이 원하는 실행계획이 도출되었을 것이고, 자연스럽게 담당자가 정해질 것입니다.

When 실행 과업을 달성하는 구체적 날짜와 시간이 설정되어야 합니다.

2 후속 조치 실행 진척 여부를 파악하고 관리하는 전담 부서가 있으면 좋습니다.

3 Evaluation(평가) 계획 실행의 측정, 평가 계획까지 나오면 더욱 좋습니다. 가령 3개월 후 적정 결과물을 계획하여 실제 평가해보는 것입니다. 문제해결을 위한 GE 워크아웃 퍼실리테이션 프로세스 경우 먼저 워크숍 참석자를 해당 주제의 문제 해결과 직결된 실무자들을 모이게 합니다. 그리고 90일 안에 실행할 수 있는 해결 방법을 결과물로 도출합니다. 이런 식으로 실행용이성과 효과성 높은 해결 방법을 찾습니다. 워크숍 종료 후 바로 실행하도록 하고 진척 과정에서 정기 보고회를 개최하며 진척상황을 측정, 평가하게 됩니다.

**토의(Discussion)이 아닌 토론(Debate)이 필요한 경우에,
토론을 잘 하도록 촉진하는 방법은 무엇일까요?**

국립국어원은 토의(Discussion)와 토론(Debate)의 차이에 대해 아래처럼 답변하고 있습니다.

'토의(討議)'는 어떤 문제에 대하여 검토하고 협의하는 것을 말하고, '토론(討論)'은 어떤 문제에 대하여 여러 사람이 각각 의견을 말하며 논의하는 것을 말합니다. '토의'와 '토론'은 목적이 다른데, '토의'는 어떠한 사안에 대해 '협의'하는 것이 목적이고, '토론'은 '찬반 토론'처럼 서로 다른 주장을 가지고 있는 사람들이 자기의 주장을 펼쳐 상대방을 설득하는 것이 목적입니다.

이 중 퍼실리테이션의 관심은 토의입니다. 서로 다른 생각을 주장하여 설득하려는 토론에 비해 토의는 서로 다양한 생각들을 하나로 수렴하는 데 좀더 목적이 있기 때문입니다. 그러나 퍼실리테이션 워크숍에서도 토론이 필요한 순간이 생깁니다. 예를 들어, 전사 혁신 방안을 도출하기 위한 워크숍을 한다면, 참석자 중 일부는 저항감이 있을 수 있습니다. 혁신의 필요성에 대한 공감대를 형성해야 혁신 방안도 잘 나올 것입니다. 리더의 설득력있는 연설도 필요하겠지만, 결국 구성원들이 마음으로 받아들여야 하기 때문에, 다른 조치가 필요할 수도 있습니다. 한판 토론이 필요한 때입니다.

만약 찬/반 토론을 하게 된다면 퍼실리테이터는 어떻게 진행해야 할까요?

사람의 의식을 자연스럽게 따라가는 것이 중요합니다. 찬성팀과 반대팀으로 나눈 후 찬성하는 이유와 반대하는 이유에 대해 토론하도록 할 수 있을 것입니다. 만약, 주제가 민감해서 솔직하게 찬성과 반대 의사를 밝히기 어렵다면, 임의로 참석자를 반으로 나누고 역할극을 해볼 수 있습니다. 개인적인 입장과 상관없이 한 쪽은 찬성 팀이 되고 다른 한 쪽은 반대편이 되어 찬/반 사유를 말하게 합니다. 이 과정에서 같은 이유로 찬성하거나 반대할 수도 있습니다.

이 경우 왜 찬성의 근거로 제시했는지 또 상대 팀은 왜 같은 것을 반대의 근거로 제시했는지 대화를 나누도록 함으로써 양 팀의 상호 이해를 돕는 것이 핵심입니다. 어디서부터 생각이 달라졌는지 분기점을 파악하는 것이 퍼실리테이션 토론의 핵심입니다. 나의 본심을 드러내지 않고 자유롭게 얘기하게 하고, 싸우는 것이 아닌 어디까지 합의할 수 있는지를 파악하는 것이 핵심인 것입니다. 일반적인 토론과 달리 어느 편이 이겼는지는 중요하지 않습니다.

제조부서와 개발부서 사이에 첨예한 갈등 상황입니다. 자기 부서 이해관계만 생각하니 협업이 되질 않습니다. 어떻게 해야할까요?

많은 것을 담고 있는 질문입니다. 조직이 문제를 해결할 수 있는 방법은 학습(Training), 코칭(Coaching), 멘토링(Mentoring), 그룹 토의(Facilitation), 컨설팅(Consulting) 등이 있습니다. 간단한 문제 또는 전체 구성원이 알아야 할 사항이 있을 때는 학습으로 해결할 수 있습니다. 교육을 시행한다고 모두 충분히 학습하는 것은 아니므로, 필요한 역량을 개발하지 못한 특정인으로 인해 문제가 지속된다면 6개월 이상의 코칭이나 멘토링을 시도해볼 수 있습니다. 구성원들의 집단 지성을 활용해 해결할 수 있는 문제라면 퍼실리테이션이 적합한 방법일 것입니다. 우리에게 해답이 없다면 외부 전문가에게 컨설팅을 받아야할 수도 있습니다.

이 글을 통해서는 우선 퍼실리테이션 관점에서, 그 다음 더 근본적인 관점에서 구조적인 한계와 극복 방안에 대해 이야기해보겠습니다.

a. 퍼실리테이션(그룹 토의)을 통한 해결

그룹 퍼실리테이션으로 갈등 상황을 다룰 때, 마이클 윌킨슨이 그의 저서 "The Secrets of Facilitation"에서 소개한 3단계 접근법을 활용할 수 있습니다. 퍼실리테이션의 궁극적인 목적은 '합의 도출'입니다. 합의에 이르지 못하는 3단계 이유와 대처방법을 요약하면 다음과 같습니다.

1단계, 정보 공유 부족으로 인한 즉, 서로의 주장을 오해해서 합의하지 못하는 단계입니다. A부서가 주장하는 바와 B부서가 주장하는 바를 정확하게 상호 이해함으로써 "그런 내용이라면 반대할 이유가 없다"고 합의할 수 있습니다.

2단계, 서로 입장(선호)이 달라 합의하지 못하는 단계입니다. 서로 주장하는 내용을 정확하게 이해했어도, 입장이 다르면 합의할 수 없을 것입니다. 이제 각 대안의 장/단점을 분석하거나 평가 지표에 따른 가중 평가 방식의 의사결정 매트릭스를 사용하여 각 대안의 점수를 매겨야할 수도 있습니다.

가장 난감한 것은 명백하게 분석 결과가 나왔는데도 "됐고, 나는 A안을 수용할 수 없다"며 합의하지 않는 상황입니다. 3단계인데요, 왜 이런 행동을 보이는 것일까요? 자신의 의견을 주장할 수밖에 없는 속사정 즉, 숨겨진 의제(Hidden agenda)가 있는 것입니다. 대체로 속사정이란 과거 어떤 사건으로 인한 불편한 감정이나 무조건 반대하고 보자는 관행일 수도 있고, 공개적으로는 말할 수 없지만 상대방이 주장하는 대안을 수용하면 얻을 수 없는 '꼼수'나 사적이고 이기적인 또는 정치적인 이득일 수도 있습니다. 가볍게는 합의함으로써 드러날 우리 편의 민낯이 부끄러워 끝까지 반대할 수도 있고, 때로 의사결정권이 없는 누군가가 회의에 대신 참석했는데 A안이 합리적으로 결정권이 없기 때문에 찬성하지 못하는 일도 발생할 수 있습니다.

논리적으로 1단계를 거쳐야 2단계로 갈 수 있고 2단계를 거쳐야 3단계인지 확인할 수 있습니다. 퍼실리테이터는 워크숍 설계 과정에서 이해관계자 인터뷰를 통해 각 단계를 파악할 필요가 있습니다. 때로는 모든 참석자가 다 모인 워크숍 현장에서야 비로소 발견되는 경우도 있습니다. 만약 3단계라고 판단되었다면 이제 다른 접근법을 취해야 합니다. 마이클 윌킨슨은 3단계라면 퍼실리테이션 세션을 종료하고 숨겨진 갈등을 해결한 후 다시 모이는 것이 좋다고 말합니다. 네, 속사정이 무엇인지 파악하는 조치가 필요합니다. 만약 히든 아젠다가 무엇인지 찾았고 여전히 그룹 토의로 해결하기를 바란다면, 최근에 주목받고 있는 '갈등 전환 퍼실리테이션'을 고려해볼 수 있습니다. 기존의 '갈등관리' 이론에 퍼실리테이션을 접목하여 한 두 명의 전문가가 개입, 중재하는 것이 아니라 그룹 토의로 해결해 가는 방법입니다.

여기까지는 일련의 퍼실리테이션 워크숍을 통한 접근방법입니다. 조금 더 근본적인 해결 방법은 없을까요?

b. 구조적인 한계와 해결 방안 (조직 개발 관점)

최근 캄보디아에서는 코로나19 상황에서 주민들이 지침을 어기고 시장으로 길거리로 나와 돌아다니자, 공포탄을 쏘아 사람들을 해산시키고, 길에서 경찰들이 다른 성인 시민들의 무릎을 꿇리고 손을 들거나 팔굽혀 펴기 등의 벌을 세우거나 드론을 띄워 실시간으로 주거지를 감시하는 모습이 언론을 통해 보도된 바 있습니다. 반면 우리나라는 최대한 인도주의적인 관리 방식을 채택하고 있는데, (이런 방식의 찬반 여부를 떠나) 이는 국민들의 의식 수준이 뒷받침되지 않으면 불가능한 일입니다. 일부의 일탈이 있긴 하지만 전체적으로 평화롭고 민주적으로 관리하고 있는 것 같습니다. 사회 또는 조직은 관리/통치/경영 시스템에 따라 얼마든지 달라질 수 있습니다.

왜 히든 아젠다가 생기는 것일까요? 팀 이기주의는 왜 발생하는 것일까요? 사회적 동물, 감정의 동물인 인간 사회에서 정치적 판단이나 비공개적인 이익추구 활동을 완전히 배제할 수는 없습니다. 그러나 진일보한 조직경영 시스템을 통해 줄일 수 있고 매우 건강한 조직을 만들 수 있습니다.

부서 이기주의가 발생하는 구조적인 원인을 세 가지로 살펴보겠습니다.

첫째는 단위 조직의 비전 부재와 '비전'에 대한 편협한 정의입니다. 80년대 중, 후반에 미국의 유명 대학과 경영의 대가들은 공동의 가치(Shared values)라는 이름으로 구성원을 동기부여하고 성장을 견인할 미션, 비전, 핵심가치라는 개념을 소개하였습니다. 기업들은 앞다투어 경영 컨설턴트의 도움을 받아 비전체계를 수립하였습니다. 도전적이고 가슴 뛰게 하는 목표는 실제로 기업의 성장에 큰 역할을 해왔습니다.

문제는 비전이 주로 '○○업계 1위가 되는 것', '○○○ 분야의 글로벌 선도 기업' 등 기업 자신이 어떤 모습이 될 것인지를 표현한다는 점입니다. 봉건주의 시대를 지나 목표 달성과 경쟁에 의한 사회적 지위 상승이 미덕이 된 자본주의 사회에서 어쩌면 당연한 일일 것입니다. 따라서 조직의 각 부서도 할당된 목표를 달성해야 하고 다른 팀을 돌아볼 이유나 여지가 별로 없어졌습니다. 관료주의 시대에는 리더의 한 마디로, 특정 부서가 자신들의 의지와 달리 전사적 목표 달성을 위해 새로운 일에 투입되거나 강제적 협력이 가능했겠지만 팀제는 그런 방법이 통하지 않게 되었습니다.

전사적 비전뿐 아니라 단위 조직의 비전을 설정하되, 지금까지의 내적 목표달성 중심의 이기적인 비전이 아닌 협력적 비전을 설정해야 합니다. 비전은 '우리의 활동으로 인해 우리를 둘러 싼 외부 세계에 어떤 발전을 이룰 것인가' 관점에서 정의되어야 합니다. 예를 들어 경영지원실의 외부세계는 경영지원실을 제외한 회사 각 부서 및 경영진이 될 것입니다. 동시에 이들이 경영지원실의 고객이며, 경영지원실의 비전은 '우리의 활동으로 우리회사가 지속가능한 경영성과를 창출하고 존경받는 기업이 된다'는 식으로 정의할 수 있을 것입니다.

제조부서의 비전이 '우리 부서의 앞뒤로 연결되는 가치사슬(개발과 판매)이 원활하게 가동됨으로써 소비자에게 고품질의 제품이 더 빠르게 제공되는 것'이라면 어떨까요? 단순히 '제조량 월 1만 개'라는 MBO관점의 목표만 할당된 것과는 다른 행동을 보일 것입니다.

최근에 하버드 비즈니스리뷰 등 경영계 통신에서는 '사회적 가치'가 담긴 비전으로 전환해야 함을 강조하고 있습니다. 모두가 복잡하게 얽혀 있는 '초연결 시대'에 과거의 경쟁 일변도의 패러다임이 먹히지 않게 되었다는 뜻입니다.

두 번째, 대부분의 회사가 팀제를 채택하고 있는데, 이는 상하 조직 간 소통이 원활하고 신뢰가 구축되기 어려운 구조입니다. 소통이 원활하다는 것은 단순히 대화를 많이 하거나 수평적인 '분위기'를 조성하는 것을 넘어 실무부서의 의견이 경영 관련 부서로 효과적으로 전달되어야 함을 의미합니다. 그런데, 팀제에서는 팀장 한 사람이 경영진의 결정사항도 전달하고 팀원들의 의견을 경영진에 전달하는 일도 맡습니다. 경영진의 눈치를 볼 수밖에 없는 팀장이 실무진들의 입장을 잘 대변하기는 매우 어렵습니다.

자율경영을 지향하는 최신의 조직개발 이론인 소시오크라시에서는 서클(Circle)과 더블링크(Double link)라는 대안을 제시하고 있습니다. 심장으로부터 동맥을 통해 몸의 곳곳으로 혈액이 전달되고 정맥을 통해 말초부터 걸러진 노폐물을 실은 혈액이 심장으로 들어가 순환하는 원리를 조직에 적용한 것이라고 이해할 수 있습니다. (소시오크라시 뿐 아니라 애자일 등 최근 경영이론의 바탕이 되고 있는 사이버네틱스 이론에서는 자연계나 유기체가 어떻게 각 부분의 자율적 반응과 전체의 통합운영을 해 나가는지에 주목합니다.)

셋째, 경쟁적인 보상제도도 부서 이기주의에 한 몫 합니다. 주주의 이익을 보호하면서도 구성원 모두에게 배분되는 통합적 보상시스템을 마련해야 합니다. 현재의 보상 시스템은 팀이나 개인의 성과의 달성 여부에 따라 배타적인 보상을 주는 방식이기 때문에 '협업'은 구호일 뿐 개인 또는 팀의 독자적 행동을 활성화합니다. 경쟁과 목표달성에 의해 동기부여했던 20세기의 잔재입니다.

이 밖에도 협력적 의사결정을 위한 구성원 교육이나 성장을 위한 미래형 평가제도의 정비 등의 체계적이고 전환적인 조직개발로 VUCA 시대에 맞는 수평적이면서도 효율적이고 협력적인 조직을 만들어 갈 수 있습니다. 단, 막연한 기대감으로 관련된 책만 보고 급히 도입하지는 않기 바랍니다. 민감한 이야기도 얼굴 붉히지 않고 이야기할 수 있는 커뮤니케이션 훈련과 복잡한 논의를 효과적으로 할 수 있는 퍼실리테이션 역량 등이 뒷받침되어야 합니다. 이와 관련해서 이 책의 마지막 장인 "Chapter 7 여정의 마무리: 퍼실리테이션과 조직개발"을 참조바랍니다.

1 지금까지 경험한 여러분의 회의/워크숍에서 가장 어렵거나 힘들었던 회의를 다시 설계해 본다면 어떤 내용이 될까요?

✎

2 이번 Chapter에서 느낀 점과 새롭게 배운 점, 적용하고 싶은 점은 무엇인가요?

✎

7
CHAPTER

여정의 마무리: 퍼실리테이션과 조직개발

"퍼실리테이션이 조직문화를 개선해줄까?"

성장 질문 07

K는 자신이 진행한 워크숍의 참석자들로부터 긍정적인 피드백을 많이 받았습니다.

"토의는 이렇게 하는 것이군요! 더 많은 구성원들이 경험해보면 좋을 것 같아요!"

그리고 문득 의문이 들었습니다. '퍼실리테이션이 조직문화를 개선해줄까?

조직의 문제를 이해관계자들의 참여와 토의로 하나하나 해결해 나간다면 구성원들의

그룹 의사소통 역량도 향상되고 조직도 발전을 이룰 것 같은데…'

생각이 여기까지 이르자 너무 광범위하고 어렵게 느껴지기도 합니다.

K에게 어떤 조언이 필요할까요?

지금까지 함께한 퍼실리테이션 여행, 즐거우셨나요? 교육 현장에서 직접 체험하는 것이 아니라 책으로 배우다 보니, 가고 싶었던 여행지를 여행안내 책자를 통해 알게 되는 듯한 아쉬움도 있으실 것 같습니다.

수학이나 과학, 컴퓨터 프로그래밍처럼 지식을 글로 전달할 수 있는 것이 아니라 사람과 사람 사이의 상호작용처럼 '암묵지'가 중요한 영역의 지식은 절대 책으로만 배울 수는 없습니다. 책은 분명히 훌륭한 안내자가 될 것이고, 두고두고 볼 참고서가 되겠지만 실제 현장에서 어떻게 구현되는지 생생한 지식을 내 것으로 만들기 위해서는 잘하는 사람의 현장을 눈으로, 귀로, 체감각으로 경험해 보는 것이 매우 중요합니다.

작은 시도부터 직접해보고, 잘 하는 사람에게 조언을 구하여 개선해 나가는 과정을 반복해보시기 바랍니다. 처음 배우는 단계라면 좋은 교육과정을 선택해서 베테랑 퍼실리테이터의 말과 행동을 통해서 배우기를 권합니다.

퍼실리테이션과 조직개발

마지막으로, 조직개발 관점에서 퍼실리테이션을 조망해 보고자 합니다.

Scene 1 : 교육장에서

퍼실리테이션 교육 참가자들로부터 종종 이런 질문을 받습니다.

"퍼실리테이션이 조직문화를 개선해 주나요?"

'예, 아니오'로 답해야 한다면 저의 대답은 '예'입니다. 단, 꾸준히 해야 합니다. GE가 80년대 중반에 거대하고 느린 공룡기업에서 전 세계 기업이 부러워할 만큼 날렵한 기업으로 다시 태어난 데에는 6년 이상 꾸준히 밀어붙인 워크아웃 퍼실리테이션 워크숍 덕분이었다고 알려져 있습니다. 업무 효율을 떨어뜨리는 고질적인 문제 하나를 해결하기 위해 그 일을 가장 잘 알고 있는 일선의 실무자로 구성된 2박 3일 간의 잘 짜여진 워크숍을 마련하고 훈련된 퍼실리테이터가 진행하도록 함으로써, 그룹토의와 집단지성을 통한 문제해결이라는 전형을 구성원들에게 전파하였습니다.

구성원들에게 일일이 퍼실리테이션 교육을 시키는 대신 GE 직원이라면 누구나 한 번 이상 워크아웃 퍼실리테이션 과정에 참여하며 그룹토의의 모범과 스스로 문제를 해결하는 과정을 경험하도록 한 것입니다. 6년 정도 지나자 드디어, 쓸데 없는 업무관행보다 실효성 있는 방법을 과감하게 선택하는 문화가 자리잡았다고 합니다.

퍼실리테이션의 꾸준한 도입은 소통하는 조직문화로 전환하는 데 효과적이라고 볼 수 있습니다.

Scene 2 : 워크숍 그 너머

전문 퍼실리테이터로 여러 조직의 워크숍을 돕다 보면 그 조직 내부 사정을 알게 되고 다양한 조직 혁신 이슈도 다루게 됩니다. 어떤 이슈는 한 번의 워크숍으로 해결되기도 하지만 어떤 경우는 구성원 전체의 교육과 훈련이 수반되어야 하는 문제도 있고, 리더의 개인역량 향상이 필요한 경우도 있습니다. 이러한 이유로 '워크숍으로 해결할 일이 아닌 것 같다'는 설명과 함께 다른 솔루션을 제안하는 경우도 생깁니다. 특히, 조직 운영의 제도나 시스템 개선을 요하는 경우 한, 두 번의 워크숍이 아닌 '체계적인 조직개발*'이 필요합니다.

하나의 조직은 전문 분야의 업을 직접 담당하는 직무 외에도 교육, 인사, 평가, 재무 등 복합적인 시스템이 맞물려 운영됩니다. 전사적인 비전이나 전략을 수립하는 일 외에도 교육체계, 평가 및 보상, 승진 등이 결부된 인사제도, 재무 관리 등의 다양한 의사결정이 일어납니다. 현재 대부분의 조직은 관료제를 벗어나 '팀제'를 채택하고 있는데, 이것은 '조직구조'에 관한 이야기입니다.

두 가지 상황을 종합해보면, '워크숍'은 조직 개발 과정에서 팀빌딩, 비전체계 구축, 전략 또는 사업 계획, 문제해결 등의 이슈를 구성원의 집단지성으로 해결하는 방법으로 의미가 있으며 이 과정에서 구성원들의 협력적이고 효과적인 의사소통 역량도 향상시켜줄 수 있습니다. 분명히 '소통하는 조직문화 구축'을 위한 훌륭한 방법입니다. 그러나 그것만으로 조직개발이 되지는 않습니다.

---

* 조직개발(OD, Organizational Development)이란 기업 등의 조직이 능률을 향상시키기 위해 구조, 일하는 방식 등을 개혁하는 일입니다. 구체적으로 부서 및 팀의 구조를 개편하고 채용 및 인사, 보상 제도를 정비하는 일로 구현되는데, 조직의 경영 및 통치체제(Governance System)와 조직문화 구축과 관련된 통합적 활동을 의미합니다.

더구나 '수평적인 조직문화'로의 전환이 하나의 패러다임이 된 요즘, '워크숍을 넘어' 체계적인 조직개발 방법론이 필요합니다. 서로 협업하고 소통할 수 있는 조직 구조(Structure)를 만들도록, 수평적인 소통이 의사결정의 효율과 효과를 해치지 않도록, 평등의 구현이 리더십을 무너뜨리지 않도록, 구성원의 권리 보장이 업무 거부로 이어지지 않도록, 팀장의 팀원 평가가 아닌 동료 피드백 제도를 도입하더라도 리더의 리더십이 보장되도록, 조직의 지시와 명령체계를 따르더라도 구성원들의 권리가 보장되도록, 보상제도가 조직 전체의 성과 향상으로 이어지도록 잘 짜여진 조직개발 방법론이 필요합니다.

조직문화는 조직개발의 결과로 생기는 것입니다. 조직문화를 개선하는 일은 단기간 캠페인으로 이루어지지 않습니다. 조직 구석구석에서 의사결정이 이루어지는 방식, 단위 조직 간의 협업이 일어나는 방식, 업무를 대하는 방식, 구성원이나 조직 간 피드백을 주고받는 방식 등이 조직문화로 나타나게 됩니다. 저는 이런 고민을 바탕으로 최근 몇 년 간 공을 들여 최신의 조직개발 이론 '소시오크라시'를 도입하여 국내에 소개하고 있습니다.

자율경영시대의 조직개발,
소시오크라시

소시오크라시는 조직 구성원들의 참여와 동의에 기반한 자율적인 조직문화의 토대 위에서 효과적으로 업무를 수행할 수 있도록 설계된 조직개발(organizational development) 이론입니다. 상하 조직 간 소통을 위한 서클과 이중연결 구조, 동의 의사결정 원리, 혁신적인 직책자 선임 시스템, 피드백 중심의 업무 평가 등 기존의 경영 관행에서 벗어나 수평적인 조직으로 전환하기 위한 다양한 방법을 제공합니다.

2014년 봄, 휴식을 위해 떠난 영국 여행에서 우연히 소시오크라시를 접한 후, 그 가능성에 매료되어 지금까지 소시오크라시의 대가인 존 벅(John Buck)으로부터 사사하고 있으며, 한국 최초의 소시오크라시 국제인증컨설턴트가 되었습니다. 소시오크라시는 평등, 효과성, 투명성을 핵심 가치로 삼는데, 구성원들의 평등하고 수평적인 참여와 조직의 생산적이고 효과적인 경영을 목표로 하며, 이를 위해 정보의 투명한 공유를 가장 중요한 기제로 사용합니다. 소시오크라시에서 영감을 얻은 비슷한 조직개발 이론도 많이 알려져 있는데, 수평적인 조직을 '평면조직'으로 오해하여 중간 관리자를 없애거나 하향식 리더십을 적폐로 간주하여 없애려 하다가 매우 큰 혼란을 야기하며 비판을 받기도 하였습니다.

직급 간의 거리를 좁히고 계층을 단순화 시킬 필요는 있지만, 고경력자의 경험과 역량을 잘 활용할 수 있는 시스템을 유지하는 것은 매우 중요한 일입니다. 소시오크라시에 대해 간략하게 소개하겠습니다.

'socio + cracy'

소시오크라시(Sociocracy)라는 단어는 'Socio+Cracy'로 구성되어 있습니다. Socio- 는 '동료의'라는 뜻이고, -Cracy는 아시다시피 '통치'를 뜻합니다. 즉 소시오크라시는 "친밀한 관계가 있는 사람들에 의한 통치"로 요약됩니다. 민주주의(Democracy)에서 'Demo-'는 '군중' 즉, '서로 모르는 대중'을 의미하며 데모크라시는 소시오크라시와 비교하여 '대중에 의한 통치'라고 할 수 있습니다. 민주주의 이전인 봉건주의 사회와 비교하여 더 많은 사람들이 참여하는 혁신적인 통치방식임에는 틀림이 없습니다.

　그러나, 사회학의 창시자로 유명한 철학자 콩트(August Comte, 1789-1851)는 다수에 의한 횡포, 다수결에 의한 선거가 인기투표에 그칠 가능성 등 민주주의의 한계와 부작용을 이미 내다보았습니다. 그 고민의 결과가 바로 '소시오크라시'입니다. 더 진일보한 민주주의에 대한 이야기입니다.

　소시오크라시는 철학자의 철학자적 고민에서 시작되었지만 현실에의 적용은 네덜란드의 교육개혁 운동가 케이스 부커(Kees Boeke, 1884-1966)가 시도하였고, 현재의 소시오크라시 모델이 최초로 정립된 것은 그가 운영했던 학교(Children's Community Workshop)에서 수학한 헤라르드 엔덴뷔르흐(Gerardus Endenburg, 1933-)가 자신의 회사에 적용하면서였습니다.

　정리하면, 사회통치 관점에서 소시오크라시가 민주주의 이후의 민주주의를 이야기한다면 조직경영 관점에서 소시오크라시는 관료주의 및 팀제 이후의 경영이론을 이야기한다고 볼 수 있습니다. 민주화와 산업화는 조직에 '관료주의'를 탄생시켰습니다. 관료주의는 규모가 커진 조직을 일사분란하게 운영할 수 있는 좋은 시스템입니다. 그러나 이제 우리는 관료주의로는 해결이 안 될 정도로 변화무쌍하고 예측하기 어려운 상황에 직면해 있습니다.

　똑똑한 리더 한 사람의 지시와 통제로는 다양한 이해관계가 얽혀 빠르게 변화하는 세계에 대응할 수 없다는 점은 21세기를 살아가는 우리들에게 낯선 주장이 아닙니다. 이러한 상황에서 관료주의를 대체할 적합한 통치(경영)이론이 부재한 가운데, 관료주의의 바탕에서 그 부작용을 극복할 대증요법을 덧대어가며 활용하고 있다고 해도 과언이 아닙니다. 수평적인 소통이 중요하다 하여 소소하게는 영어 이름을 쓰면서 상하 간 거리를 좁히려는 시도, 과감하게 관리자를 없애는 시도들도 있습니다.

"Being Agile"

최근에 가장 주목받고 있는 업무 방식은 '애자일(agile)'인 것 같습니다. IT 개발업무의 혁신에서 출발한 애자일은 많은 조직에 센세이션을 일으키고 있습니다. 매트릭스, 칸반, 스크럼 등과 같은 업무도구들이 잘 알려져 있습니다. 애자일을 현업에 적용하는 데 길잡이가 되는 애자일 코치와 도입 조직들은 애자일을 전사적으로 도입하려는 과정에서 좌충우돌하며 애자일의 지평을 넓혀가고 있습니다.

　주목할 점은 애자일을 좀 깊이 아는 사람들이 한결같이 '애자일은 기술이 아니라 태도와 철학'이라고 말하는 점입니다. 'Doing agile'이 아니라 'Being agile'하라는 이들의 말은 애자일의 단편적인 도구나 기법을 무작정 흉내내려 하지 말고 애자일 정신을 이해하고 유연하게 적용해야 진정한 애자일이라는 말로 이해됩니다. 매우 공감하고 정말 중요한 관점이라고 생각합니다. 그러나, 지금까지 조직에 깊이 뿌리내려 있는 '관료주의'에 익숙한 많은 사람들은 '그래서?(so, what?)'라는 질문을 던질 수 밖에 없습니다.

저는 이렇게 설명하고자 합니다.

"운영체제"

직장인이라면 누구나 컴퓨터를 다룰 것입니다. 여러분이 사용하는 컴퓨터의 운영체제(OS, operating system)는 무엇인가요? 대부분의 컴퓨터는 윈도우나 맥OS(IOS)를 채택하고 있을 것입니다. 어떤 프로그램은 윈도우에서는 잘 작동되지만 맥에서는 잘 되지 않고, 어떤 것은 그 반대이기도 하죠. 우리나라의 운영체제는 무엇일까요? 네, 민주주의입니다. 우리나라는 민주주의라는 체제를 가지고 있습니다.

여러분의 회사가 하나의 컴퓨터라고 생각해봅니다. 이 컴퓨터의 운영체제는 무엇입니까? 최근에 조직 혁신을 성공적으로 이룬 회사가 아니라면 대부분 '관료주의'일 것입니다. 그건 너무 옛날 얘기 아니냐고 되묻는 사람들이 많습니다만, 아쉽게도 아직까지는 팀제를 채택했다 해도 관료제의 잔재가 짙은 조직이 많습니다.

대대수의 기업이 아직까지 19세기의 역학모델을 활용하고 민주적인 조직문화 도입이 어려운 이유는 중요한 업무 의사결정을 다수결에 맡김으로써(Demo-cray) 부정적 결과를 초래할 수 있는 가능성 때문이기도 합니다. 민주주의 사회에서 종종 의사결정이 효율성 보다는 정략에 따라 이루어지고 높은 성과를 내는 데 효과적이지 못한 탓에 기업체나 의료기관, 군대 그리고 측정가능한 성과를 내야 하는 그 밖의 조직들이 민주주의 활용에 부정적입니다. ("소시오크라시" 존 벅, 33쪽)

관료주의 운영체제에 애자일을 비롯한 수평적이고 자율적인 프로그램을 설치하려니 이런 저런 어려움이 따릅니다. 현재의 조직운영 방식에 문제가 있다고 생각한다면 아무것도 시도하지 않는 것보다 무엇이라도 시도하는 것이 물론 좋을 것입니다. 이런 저런 어려움을 극복해가는 과정에서 조직적인 학습이 일어나고 우리만의 스타일을 만드는 것도 나쁘지 않다고 생각합니다. 그러나, 한 번 잘못 도입한 제도로 인해서 구성원들이 너무나 큰 혼란에 빠진다면, 그로 인해서 소기의 목적을 달성하지 못하고 변화에 대한 실패경험만이 남는다면 매우 곤란합니다.

'Being agile'할 수 있는 바탕, 애자일이 아니더라도 관료주의에서 벗어나 수평적이고 자율적인 조직을 구축하려 한다면, 동료들과 함께 통치(경영)할 수 있는 소시오크라시 체제를 학습하고 도입하기를 바랍니다. 소시오크라시 만이 그 해답이라고 말하는 것이 아닙니다. 현재까지 제가 알고 있는 가장 효과적이고 근본적인 대안은 소시오크라시입니다.

"보수적이면서도 혁명적인"

소시오크라시는 보수적이면서도 혁명적입니다. ("소시오크라시" 존 벅, 37쪽) 시장경제의 생산성과 개인의 자유를 동시에 보장하려는 시스템입니다. 20세기에 와서는 자연계가 전체 시스템에 의한 지배를 받으면서도 각 요소가 어떻게 자치하는지를 연구한 사이버네틱스라는 학문이 발생했고, 소시오크라시는 이에 기반하는 과학적인 이론입니다. 통합된 전체와 개인의 자유와 평등은 어떻게 조화를 이루고 시너지를 낼 수 있을까요?

소시오크라시는 상향식 또는 수평적인 소통만을 이야기하지 않습니다. 어떤 분야에 경험과 전문성이 있는 리더의 역할과 권한을 유지하면서 실무를 담당하는 모든 구성원들의 의견과 욕구를 효과적으로 반영할 수 있도록 합니다. 이렇게 하기 위해서는 조직 운영의 설계에 반영해야하는 장치가 몇 가지 더 있습니다. 기존의 관료주의적 시스템에서는 구현하기 어려운 이상입니다.

"팀 단위 조직개발부터"

저는 최근 몇 년간 실험을 통해서, 소시오크라시를 전사적으로 도입하기 전에 팀단위 조직개발에 적용하는 것이 매우 효과적이라고 확신하게 되었습니다. 저는 최근에 H사의 M팀, 그리고 대기업 S사의 P팀을 대상으로 소시오크라시의 방법론과 기존의 퍼실리테이션 기법을 적용하여 팀 조직개발 컨설팅을 제공하였습니다. M팀의 경우 혼란스럽고 파트 간 갈등이 있는 상태에서 팀원에 대한 팀장의 권위와 리더십이 손상되어 있었는데, 무엇을 해야하는지 알고 서로 협력적이며 리더의 권한과 구성원의 권한 사이에 균형을 이룬 효율적인 팀이 되도록 도울 수 있었습니다. P팀의 경우 업무 속성 상 각자 맡은 일을 반복적으로 수행하면 되었기 때문에 '협업은 남의 일'이었고 신임 팀장은 자신이 구상하는 팀 개선안에 팀원들의 공감을 얻기 위해 고심하던 중이었습니다. 전사적 관점에서 팀 비전과 팀 미션을 새로

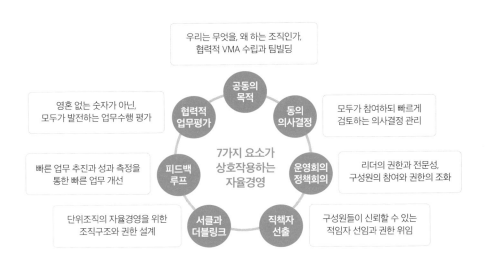

수평적이면서 생산적인 조직 개발을 위한 최신의 경영 이론 소시오크라시에서 다루는 7가지 조직개발 요소. 자세한 사항은 《소시오크라시 : 자율경영 시대의 조직개발》(존 벅·샤론 빌린스, 이종훈 번역, 2019, 한국NVC출판사)을 참조하세요.

구축하고 상호 신뢰 속에서 건설적인 피드백을 주고 받으며 협업하는 팀이 되어 주변 팀들의 호기심과 부러움을 사게 되었습니다.

수평적인 조직을 만들기 위해 시도한 경영적 결단이 자칫 소통비용을 오히려 증가시키고 업무 기강이 무너져 관리자들이 손쓸 수 없는 상태가 될 수 있습니다. 어떻게 하면 이러한 문제를 예방하면서 민첩하고 효율적이며 수평적인 조직을 구축할 수 있을지, 소시오크라시가 많은 힌트를 줄 것입니다.

03 팀단위
조직개발 사례

조직개발은 전사적으로 이루어질 때 가장 강력할 것입니다. 그러나 단편적인 제도 개선이 아닌 전사적 조직개발은 경영진의 결단이 없이는 쉽게 일어나지 않습니다. 그렇다고 손 놓고 기다릴 수는 없습니다. 팀장이나 부서장 차원에서 조직문화와 일하는 방식을 개선하기 위해 할 수 있는 일이 얼마든지 있습니다. 팀 단위 혁신이 하나하나 쌓이면 그것이 결국 전사 차원의 조직혁신으로 이어질 것입니다. 소시오크라시 기반의 팀 단위 조직개발 사례를 두 가지 소개합니다.

A기업 구매팀: 일 하고 싶고 일 잘하는 조직의 모델이 되다

- 대상 팀의 특징
- 총 3개 파트, 총 12명으로 이루어진 구매 전담팀
- 팀의 상황
- 지원부서로서, 인원 감축 압박을 받음. '각 부서에서 필요한 구매를 알아서 하면 되는 것 아닌가, 전담 팀이 필요한가'라는 비판적 시선을 받음
- 2020년, 16명이던 구매팀의 인원을 12명으로 감원하고 감사실 출신의 신임 팀장 발령
- 신임 팀장의 두 가지 발견 : 회사의 규모가 큰 만큼 구매업무도 그렇게 만만한 업무가 아니라는 점과 구매팀원들이 매우 성실하게 많은 업무를 처리하고 있으며 전문성을 갖추고 있다는 점
- 신임 팀장의 고민 : 조직관리와 일하는 방식 혁신에 관해 학습하면서 팀 경영 방식에 대한 구상을 구체화하였으나 자신의 계획이 타당한지, 팀장이 밀어붙인다고 팀원들이 따라와 줄지, 어떻게 팀원들의 마음을 얻고 어떤 것에 대해서는 팀장으로서 지시할 수 있을지 확신이 서지 않음
- 새로운 기회 : 마침 그룹에서 전 계열사 대상으로 실행한 '일하는 방식 혁신'을 위한 팀 단위 실험에 지원하여 대상팀으로 선정됨

- **코드명 '칸/소/네'**
- 칸반(kanban, 애자일 기법의 하나)과 소시오크라시 동시 적용
- 애자일 전문가와 소시오크라시 전문가의 협업으로 진행
- **주요 조직개발 수행 내용**
- 팀 공동의 목적(비전과 미션) 정립
- 동의 의사결정, 커뮤니케이션 스킬 등 팀 퍼실리테이션 역량 배양
- 소시오크라시 방식의 팀 퍼실리테이터, 서기 선출 및 운용
- 업무효율 저해요소를 분석하고 개선 방안 도출하여 실행
- 칸반을 통한 투명한 업무 공유 및 협업 문화 조성
- 서클 일지 작성을 통한 정보 공유 및 활용도 제고
- 데일리 칸반 미팅, 애프터 미팅, 정기 회고 미팅으로 구성된 팀 회의 체계 정립
- 팀원 상호 성장을 위한 피드백 제도 도입

칸소네 프로젝트를 맡은 핵심 멤버 외 다른 구성원들을 만났을 때, 매우 지쳐있음을 알 수 있었습니다. 무슨 혁신활동을 하든 기대하지 않는다는 반응이었습니다. 모든 팀원들이 모인 첫 워크숍에서 저는 이런 질문을 던졌습니다.

"팀 업무의 목표는 무엇입니까?"

이에 대한 구성원들의 답변은 주로 원가 절감, 적기 구매와 같은 것들이었고 그 대답은 별 고민 없이 건조하게 들렸습니다. 그렇게 시작한 대화는 "우리는 그냥 사달라는 거 사주는 구매 대행팀인가", "다른 팀들이 우리 팀을 보고 프로세스 따지며 까다롭게 굴고 '갑질'하는 팀, 싼 것만 사주는 팀이라고 할 때 정말 힘 빠진다"는 고백으로 이어졌습니다.

반전은 "보람이 느껴지는 순간은 언제인가?"라는 질문으로 시작되었습니다. 답변은 일관되게 '좋은 구매할 수 있도록 도와주어서 고맙다'는 말을 들을 때라고 요약할 수 있지만 그 표현은 다채롭고 살아있었습니다. 마치 무언가에 목말라 있다가 오아시스를 발견한 듯 대화에 몰입하였고, 마침내 자신들의 정체성을 "전문성 있는 구매 컨설턴트로서 전사의 중기미래이익에 기여할 수 있는 합리적인 구매를 돕는 팀"으로 스스로 정의하였습니다.

이후 일련의 코칭이 이어졌고, 서로 소통할 필요성조차 모른 채 각자의 업무를 꾸역꾸역 하던 것에서 매일 서로의 업무 근황을 투명하게 공유하고 서로 도울 거리를 찾으며 정기적으로 팀 활동을 개선하는 팀으로 바뀌었습니다. 팀장의 리더십과 팀원들의 팔로어십을 정립하여 수평적이면서도 효율/효과적인 의사결정이 내려지는 회의체계가 정립되었습니다.

전문가들이 떠난 후에도 지속적으로 변화를 이어갔고, 해를 넘겨

2021년 1월에는 "우리가 여전히 잘 하고 있는지 점검 받고 싶다. 더 시도해볼 것이 무엇인지 궁금하다"는 전화를 받았습니다. 내친 김에 코칭 기간 동안 실시했던 설문조사를 다시 했는데, 놀랍게도 심리적 안전감이 약 97점 등 대부분 지표에서 코칭 당시의 수준을 유지하거나 어떤 항목은 더 향상된 결과를 볼 수 있었습니다.

설문조사 결과뿐 아니라, 후속 조치를 위해 팀에 방문했을 때 정말 밝고 개방적인 분위기를 느낄 수 있었습니다.

가장 기억에 남는, 잊을 수 없는 핵심 피드백은 다음과 같습니다.

"저희 팀 문화가 정말 바뀐 것 같아요! 다른 팀들도 그렇게 말해 주고요!"

"직장 생활 17년 동안 이렇게 성공적인 개선활동은 처음인 것 같아요!"

"소시오크라시를 다른 팀에도 전파하고 싶어요!"

후속 조치로 저는 "상호 피드백"에 도전해보자고 제안하였습니다. 연말 성과평가가 머릿속에 떠오르며 팀원들의 표정이 순간 경직되는 것 같았습니다. 그러나 소시오크라시 방식의 '성과 검토 워크숍'을 모의 진행해보며 팀원들의 표정도 조금씩 회복되었습니다. 소시오크라시의 성과검토 세션은 줄 세우기식 평가를 하지 않습니다. 숫자로 점수를 매기지도 않습니다. 다음과 같은 사항을 중요하게 다룹니다.

- 연말 1회가 아니라, 중요한 프로젝트를 끝낸 시점 등 기억이 사라지기 전에 자신이 수행한 업무를 자랑하고 부족한 점이 무엇이었는지 동료들의 피드백을 받는다.
- 개선 계획을 스스로 제안하고 동료들이 함께 점검해준다.
- 확정된 개선 계획은 소속 팀원들과 공유하여 서로 성장을 도우며 팀이 함께 성장한다.

비상교육은 2019년부터 '밸류업'이라는 이름으로 이러한 성과 검토 방식을 전사적으로 적용해오고 있습니다. 그리고 '진정으로 동료들로부터 지원받는 것 같다'거나 '대면 피드백이 가능할까 싶었는데 의외로 감동적이고 뒤끝도 없어서 좋았다'는 참여자들의 피드백이 많았습니다. 소시오크라시 성과 검토 방식을 도입한 다른 조직의 리더는 '진정으로 동료들의 신뢰를 받고 일 잘 하는 구성원이 누구인지 알게 되었다'는 후기를 전해주기도 하였습니다.

이들 사례처럼 전사적으로 적용하면 더 좋겠지만 S사 구매팀처럼 전사적인 평가방식을 바꿀 필요없이 팀 자체의 개선 활동으로 적용하여도 좋습니다. 이 팀은 "성장통(通)"이라는 재치 넘치는 이름을 지어 정기 회고 회의를 통해 성과검토 시간을 갖고 있습니다.

나아가 자발적으로 '구매협의체'를 구성하여 본사 구매팀의 경험을 계열사 구매 담당자들과 나누고 있습니다. 일하는 방식을 개선함으로써 실무자가 느끼는 보람은 무엇일까요? 아마, 지겹던 업무가 재미있어지거나 최소한 할 만해지는 것, 하루 8시간이 괴로움의 시간에서 보람있는 시간으로 바뀌는 것이 아닐까요? 그것이 일터에서의 행복 아닐까요? 이 팀은 그러한 자신들의 경험을 진심으로 나누고 싶어했습니다. 여러분은 어떤가요?

B기업 경영지원팀: 진정한 하나의 팀이 되다

- 대상 팀의 특징
  - 재무회계, 인사총무, 전산정보의 세 파트, 총 12명으로 구성된 경영지원팀
- 전사적 경영환경
  - 전사적으로 민주적인 운영, 종업원 중심의 기업 운영 방식을 도입하는 과정에서 의사소통 시간과 비용 급증
  - 구성원들의 주인의식 강화와 비례하여 경영진 권위 약화 즉, 리더십과 팔로어십의 균형이 무너짐으로써 각종 비효율 발생
  - 잦은 조직개편으로 인한 구성원들의 피로도 상승, 불분명한 커뮤니케이션 체계로 인한 의사결정 오류와 부서 간 갈등 증폭
  - 효과적인 의사결정 방법, 효율적인 조직운영 방법론의 필요성이

대두되어 대안으로 소시오크라시 도입 검토

· 2019년 조직 개편과정에서 재무회계팀, 인사총무팀, 전산정보팀
이 하나의 경영지원팀으로 통합되면서 혼란스러운 상황을 극복
하고 빠르게 퍼포먼스를 내기 위해 소시오크라시 적용 결정

● **수행 방법** : 6개월 간 주 1회 평균 4시간씩 정규 미팅을 통해 교
육, 워크숍, 멘토링의 다양한 형태로 컨설팅 수행

● **조직개발 수행 내용**

· 빠른 팀빌딩 : 서로 다른 성격의 세 파트를 하나의 팀이 되기 위
한 워크숍 수행

· 서클(팀) 공동 목표(vision, mission, aim) 정립 워크숍 수행

· 회의체 개선 및 회의 준비, 진행, 참여 등 퍼실리테이션 훈련, 멘
토링 수행

· 서클 VMA(Vision, Mission, Aim)와 회의에 운영 원리에 입각한 의
사결정 훈련, 트레이닝과 멘토링 수행

· 서클 일지(Logbook, 회의록 포함) 기록 관리 훈련, 멘토링 수행

· 서클 퍼실리테이터, 서기 선출 및 서클 직책자 역할 정립, 멘토링
수행

· 피드백 루프(Feedback Loop)에 의한 빠른 의사결정과 실행 연
습, 멘토링 수행

· 서클 행동규범(Work Way) 정립을 위한 워크숍, 멘토링

프로젝트는 팀빌딩 워크숍으로 시작하였습니다. 하나의 팀이 되기 전에 세 파트는 각자 독립적인 팀으로 오해하고 으르렁댈 일이 많았습니다. 하나의 팀으로 묶어 놓은 경영진의 결정 자체를 이해할 수 없었던 팀원들은 팀빌딩 워크숍만으로도 '숨통이 트인다'고 하였습니다.

컨설팅이 한 주 한 주 진행됨에 따라 구성원들의 긍정적인 피드백이 이어졌는데, 주요 내용은 이렇습니다.

- 다른 파트원 간 친해졌고, 내용을 더 잘 이해하게 되었다.
- 팀원 전체가 대화하면서 정보를 공유할 수 있는 자리가 되어서 좋았다.
- 사람들이 '말하기 시작'했다.
- 라운드 방식으로 모든 사람이 얘기할 수 있어서 좋았고, 소속감도 생겼다.
- 서로 공감하고 친해질 수 있어서 좋았다.
- 각 파트 별 입장도 이해하게 되었고 소속감이 향상되었다.
- 회의에 참여하는 자세(Attitude)가 많이 좋아진 것 같다.
- 단순히 회의를 끝내러 오는 것에서 점점 더 안건을 다루는 방향으로 바뀌어 가는 것 같다. 찬성하고 반대하는 올바른 방법을 배웠다.

공식적인 컨설팅 기간 종료 한 달 후, 전문가 없이 자체적으로 팀을 운영하며 회의 시간에 나눈 소감도 소개합니다.

- 선출된 FT가 논의 진행을 너무 잘 해 주셨다.
- 우리끼리 진행해도 무리되지 않겠다. 앞으로가 기대된다.
- 논의가 생각보다 잘 진행되었다.
- 시간 내 회의가 잘 진행되어서 좋았다.
- 제안 내용이 빨리 진행될 수 있어서 좋다.
- 진행도 좋고 참여자들(태도)도 좋았다.
- 다들 잘 하셔서 좋았고, 배울 점이 많았다고 생각한다.

이 기업은 2015년 이래 중요한 순간마다 워크숍으로 도움을 드리고 있는 소중한 고객이기도 합니다. 2019년 말, 전사적으로 매우 중요한 의사결정을 앞에 두고 다시 한 번 3일 간의 워크숍을 도울 기회가 있었습니다.

각 팀 별 핵심 인력이 모였는데, 6개월간의 멘토링 과정에서 훈련된 경영지원팀 소속 구성원들의 논의 참여 자세는 정말 세련되었습니다. 경영진이 구상 중인 방안에 대해 공감도 안 되고 당장 화가 나지만 넘겨짚지 않고 사실과 배경을 먼저 확인하고, 사실과 평가를 구분하여 중립적인 언어로 표현하며, 경영진의 권한을 존중하면서도 구성원으로서 어떤 점이 아쉽고 화가 나는지 정확하게 표현하면서 아쉽지만 받아들일 것은 받아들이고 정확한 설명과 해명이 필요한 점에 대해서는 끝까지 요구하고 그 다음 대책을 촉구하였습니다.

서문에서 '퍼실리테이션은 회의실의 넛지를 설계하는 일'이라고 하였습니다. 회의탁자 위에 놓인 각양각색의 그림카드는 사람들에게 영감을 주며 자신도 모르는 사이 솔직한 속내를 털어놓도록 하며, 별 것 아닌 색지에 아이디어를 적는 일은 자연스럽게 의견을 공유하는 장치가 됩니다. 사람들의 마음을 열게 하고 의견을 나누게 하는 넛지는 설계하기 나름이어서, 회의실 밖 개인 간 대화에서도, 회의실을 떠난 조직개발의 현장에서도 퍼실리테이션이라는 철학과 스킬을 얼마든지 다양한 넛지로 활용할 수 있습니다.

퍼실리테이터의 머리와 가슴에서 나오는 논리와 감성에만 의존하기에는 조직이라는 시스템이 너무 거대하고 복잡하기 때문에 잘 설계된 조직개발 이론까지 소개해 보았습니다. 다시 K의 마지막 성장 질문으로 돌아가 볼까요?

"퍼실리테이션이 조직문화를 개선해줄까요?"

저와 함께 퍼실리테이션 여행을 마친 지금 여러분의 답은 무엇입니까?

여러분의 진짜 여행지는 여러분이 진행할 워크숍의 현장입니다. 퍼실리테이터로서 회의를 변화시키는 여정을 한걸음 한걸음씩 나아가시길 소망합니다. 홀로 걸으면 외로우니, 이 책과 함께 걸어나가시면 더욱 좋겠습니다. 좋은 회의/워크숍을 위한 여러분의 작은 촉진 활동이 조직 문화 변화라는 태풍을 만드는 나비 날개 짓 되리라 믿습니다.

그냥 회의하지 말고 퍼실리테이션하세요! 퍼실리테이터인 당신을 응원합니다!

워크숍의 마무리를
잘 하는 방법은 무엇인가요?

워크숍의 마무리(클로징) 절차는 대체로 아래와 같습니다.

- 워크숍 과정 회고 및 결론 재확인

- 주차판(Parking board) 확인: 미해결 과제가 있는지 확인

- 오프닝에 확인한 참석자들의 기대사항이 충족되었는지 마지막 확인. 주차판에 올릴 내용이 있으면 기재

- 실행을 위한 조치 논의: 이 방 문을 열고 나가 바로 시작할 것은 무엇인가? 실효성을 높이기 위해 추가로 어떤 조치가 필요한가?

- 참석자 소감 청취: 좋았던 점 뿐 아니라 아쉬웠던 점과 개선을 위한 제안을 들음

이 클로징처럼 책의 끝에서 또다른 시작을 위해 여러분께 몇 가지 클로징 질문을 드립니다.

- 이 책을 휘리릭, 5분 안에 훑어보세요. 눈에 띄거나 가장 기억에 남는 내용은 무엇입니까?

- 빠르게 훑어본 지금 여러분 마음에 떠오르는 느낌은 어떻습니까? 가장 만족스러운 점과 아쉬운 점(이 책을 펼쳤을 때 기대했지만

성취하지 못한 내용)이 있다면 무엇입니까?

- 가장 먼저 적용해 보고 싶은 내용은 무엇입니까? 성취하지 못한 점은 어떻게 보충할 수 있을까요?
- 당장 1주일 안에 무엇을 해보시겠습니까?

퍼실리테이션 - 실전 Check List 21

어떤 워크숍이 잘 된 워크숍인지 어떻게 알 수 있을까요? 아래 체크 리스트는 인그리드 벤즈(Ingrid Bens)의 저서 "Advanced Facilitation Strategies"를 참고하고 저의 경험을 담아 다시 정리한 내용입니다.

■ 워크숍 설계

1 워크숍의 취지와 목적을 잘 이해하고 설계했는가?

2 목표한 산출물을 도출할 수 있는 논리적인 과정으로 전개되었는가?

3 참석자의 특성을 파악하여 프로세스에 반영했는가?

4 적절한 기법으로 참석자들의 사고를 효과적으로 도왔는가?

5 필요한 물품이 잘 준비되었는가?

■ 도입부

6 워크숍의 취지와 목적, 목표 산출물 등을 명확하게 설명하였는가?

7 참석자들의 참여를 북돋우고 동기부여하였는가?

8 아이스브레이킹을 수행하였는가?

9 효과적인 진행을 위한 규칙(Ground Rule)을 수립하였는가?

■ 퍼실리테이터의 진행

10 신뢰감 있고 편안하게 진행하였는가?

11 참석자들과 Eye Contact가 잘 이루어 졌는가?

12 참석자 간의 커뮤니케이션을 원활하게 도왔는가?

13 적절한 질문을 통해 참석자들의 사고를 촉진했는가?

14 민감하고 유연하게 대처하였는가?

15 중립을 지켰는가?

16 적절하게 에너지를 관리하였는가?

■ 마무리

17 시간 관리를 잘 하였는가?

18 목표한 산출물이 도출되었는가?

19 워크숍 과정과 결과를 요약하였는가?

20 이후 어떤 조치가 필요한지 언급하였는가?

21 참석자들의 참여 소감 또는 피드백을 들었는가?

교육을 이수한 후 종종 나오는 질문은 "이 다음으로는 무엇을 배워야 하나요?" 입니다. 결론부터 말씀드리면, 새로운 무엇을 배우기 전에 기본을 먼저 몸에 익히라고 말씀드립니다. 제가 생각하는 퍼실리테이션의 기본이란 잘 듣고, 잘 말하고, 잘 기록해주는 역량입니다. 정확하게 듣고, 이해하기 쉽게 글과 말을 이용하여 전달하는 것이 퍼실리테이터로서의 기본 소양입니다. 정확하게 잘 듣기 위해서는 선입견을 버리고 온전히 듣는 데 집중해야 합니다. 물론, 듣고 이해하고 전달하는 데에는 논리력, 상황판단력, 공감능력 등이 총 동원될 것입니다. 그 동안 쌓아 온 배경지식의 수준과 종류에 따라 더 난이도 높은 주제, 까다로운 참석자들을 상대로 토의를 진행할 수 있을 것입니다.

다른 사람들의 토의나 토론을 이끌어가기 위해서는 스스로가 토의, 토론을 잘 할 수 있어야 한다고 생각합니다. 협력적인 토의, 서로 대립되는 토론에서 자신의 의견을 논리적으로 개진할 수 있다면, 다른 사람들의 토의, 토론을 바라보는 시야가 넓어지고 여유있게 다루어 나갈 수 있을 것입니다. 다양한 주제로 논리적인 주장을 펴는 연습을 해 보는 것도 좋을 것입니다. 글과 말을 통해 자신의 생각을 정리하고 다른 사람들에게 검증받아보며 오류를 수정하고, 사람들의 생각이 얼마나 다양한지 깨닫는 과정을 꾸준히 수행해보기를 권합니다.

만약, 이 책에서 소개한 모든 기법들을 '읽어서 아는' 수준이 아니라 '몸으로 익힌' 수준으로 단련한다면 사내 퍼실리테이터로서는 충분한 진행역량이 계발되리라고 확신합니다. 전문가 수준을 목표로 한다면 더 다양한 발산 기법, 의사결정 기법, 질문 기법을 학습하고 자신이 가진 기술을 더욱 세련되게 구현할 커뮤니케이션 역량이 필요할 것입니다. 뿐만 아니라, 전문 퍼실리테이터가 되기 위해서는 인간의 심리와 행동원리, 조직의 심리와 행동원리에 관한 기초적인 이해도 필요합니다. 인간 행동원리에 대한 이해와 논리적 사고를 바탕으로 한 프로세스 기획력도 핵심 역량 중 하나입니다.

잘 훈련된 퍼실리테이터는 잘 훈련되지 않은 참석자들을 대상으로 의사소통을 이끌어 낼 수 있습니다. 현재 퍼실리테이션을 도입하는 조직들은 이러한 효과를 기대하여 조직 내 퍼실리테이터를 양성하는 것을 목표로 합니다. 그러나 그룹 의사소통은 특정인의 특정 역량에 머물러서는 안 됩니다. 훈련된 퍼실리테이터가 진행하는 굵직한 워크숍 현장에서만 커뮤니케이션이 이루어지는 것이 아니기 때문입니다. 기존의 트리(Tree)형 조직 구조(Organizational Structure)는 점점 더 복잡해지는 시장환경에 능동적으로 대처하는 데 한계를 가집니다. 기능형 조직구조(기획팀, 개발팀, 홍보팀, 생산팀 등)와 프로젝트 또는 상품 중심의 조직구조(○○서비스 개발팀, ○○○ 구축 프로젝트팀 등)를 넘나들며 모두가 유연하고 민첩하게 움직여야 하는 시대가 왔고, 조직이 무엇을 시도하든 시시때때로 곳곳에서 얼마나 효과적으로 소통하고 의사결정할 수 있느냐가 성공의 열쇠가 될 것입니다.

누가 어떤 상황에서 그룹 의사소통을 이끌어가게 될지 모릅니다. 소통과 협업이 그 어느 때보다 중요한 시대에 구성원 모두가 소통과 협업에 대한 기본 소양을 갖추고 있다면 어떨까요? 즉, 조직의 그룹 의사소통 교육이 특정한 소수를 퍼실리테이터로 양성하는 것을 넘어 누구에게나 제공되는 기본교육이 되면 어떨까요? 일상적인 업무 회의에 지나치게 힘을 빼지 않아도 될 것입니다. 독자 중에 조직의 교육과정 설계에 영향을 줄 수 있는 분이 있다면, 직무역량 뿐 아니라 커뮤니케이션과 조직개발에 대한 교육을 종합적으로 설계하기 바랍니다. 다음 질문에 답해보실까요?

1 조직 내 소통이 얼마나 중요하다고 생각하십니까?

2 조직 내 소통이 얼마나 어렵다고 생각하십니까?

3 조직 내 소통을 위해 얼마나 투자/노력하고 계십니까?

최근 수평적이면서 생산적인 조직개발 이론으로 주목받고 있는 소시오크라시(Sociocracy)의 창시자 헤라르드 엔덴뷔르흐(Gerard Endenburg, 네덜란드)는 자신의 회사 엔덴뷔르흐 전자를 경영하며 콩트가 주창한 소시오크라시라는 사회통치 개념을 조직개발 방법론으로 발전시켰습니다. 그는 현 시대가 변화무쌍하며 예측불가능한 시대(VUCA)라는 점을 잘 이해했습니다. 그 어느 시대보다 소통과 협업이 중요함을 간파했던 그는 소통과 협업이 중요하다고 말하면서 이에 필요한 교육은 최소한으로 하고 온통 직무교육으로 이루어지는 기업들의 교육체계에 모순이 있다고 지적하였습니다.

보통 조직에서 기본적인 소통은 '문서'로 이루어집니다. 다양한 문서작업을 하기 위해 이제는 누구나 컴퓨터라는 복잡한 기계를 다룰 수 있어야 합니다. 컴퓨터가 직장인의 '기본' 소양이 된 지는 이미 오래 되었습니다. 이 복잡한 기계를 능숙하게 다루기까지 우리가 얼마나 많은 시간을 컴퓨터와 씨름해왔는지를 생각해보면, 조직 내 소통과 협업을 잘 하기 위해 우리가 얼마나 노력해야 하는지 가늠해볼 수 있을 것입니다. 엔덴뷔르흐전자회사의 사내 교육 프로그램은 통합학교(Integral school)라고 불립니다. 직무 교육 뿐 아니라 조직 내 커뮤니케이션과 조직개발 관점 구성원들을 교육합니다. 소통과 협업을 진정 원한다면, 우리 직장의 교육도 그래야 할 것입니다.

중학교 때, 학교에서 선발되어 컴퓨터학원을 다녔던 기억이 있습니다. '도스(DOS)'라는 것을 처음 배웠습니다. 얼마 지나지 않아 '윈도우(Window)' 시스템이 보급되며 컴퓨터는 우리 생활 가까이로 급속하게 전파되었습니다. 대학 2, 3학년이 되자, 학교에서는 손으로 쓴 레포트를 더 이상 받지 않게 되었습니다. 이제 누구나 강제로 컴퓨터를 다루어야 하는 상황이 된 것입니다. 대학원을 졸업할 때가 되자, 사무직 직장인 중에 컴퓨터를 다루지 못하는 사람은 거의 사라지게 되었습니다. 저는 퍼실리테이션이라는 그룹의사소통 기술이 앞서가는 특정인에게만 소요되는 것이 아니라 모두가 갖추어야 할 기본 소양이 되어가는 과정에 있다고 생각합니다.

이 책은 그렇게 소통과 협업의 실전 스킬인 퍼실리테이션이 조직 생활을 하는 모든 사람들에게 더 가까이 침투하기를 바라는 마음으로 기획하였습니다. 앞서, 퍼실리테이션 기본 교육을 수료한 후 "이 다음으로는 무엇을 배워야 하나요?"는 질문에 '기본부터 익히라'고 답한 바 있습니다. 정확하게 듣고 이해하기 쉽게 말과 글을 통해 전달하는 것, 아이디어를 잘 도출하는 것, 기본적인 의사결정을 이끌어 낼 수 있는 것 등은 모두가 익혀야 하는 기본 소양입니다.

제가 퍼실리테이션을 직업으로 삼으면서 가지게 된 비전은 '합리적인 개인, 소통하는 조직, 민주적인 사회'입니다. 그러한 비전에 기여하는 것이 저의 미션입니다. 이 책이 모든 직장인들의 '직장 내 소통과 협업을 위한 필독서'가 되기 바랍니다. 모든 일터에서 소통과 협업의 도구로 퍼실리테이션을 학습하고 활용하기 바랍니다. 그 출발에 이 책이 있기 바랍니다. 나아가 누군가는 초등학생들에게, 중고등학생들에게 그들의 눈높이에 맞게 소통화 협력의 기술을 알려주어 지금의 직장인들처럼 한 번에 몰아서 퍼실리테이션을 배우지 않아도 되면 좋겠습니다. 초등학교 때 사칙연산과 간단한 함수를 배우고 중학교에서 더 어려운 방정식을 풀며 고등학교에서 미분과 적분을 배우듯이 초등학교부터 서서히 그룹 의사소통의 이론과 기술을 익힌다면 전국민의 소통 문화가 성숙해지지 않을까요?

교대입구역 새로 문 연 교육장에서
주현희

327

부록1 이 책이 나오기까지 참고한 책들

소통을 디자인하는 리더 퍼실리테이터 | 채홍미, 주현희

그룹 시너지 창출 퍼실리테이션 | Dale Hunter, 정혜선 옮김

퍼실리테이션 테크닉 65 | 호리 기미토시, 임해성 옮김

문제해결을 위한 퍼실리테이션 | 호리 기미토시, 현창혁 옮김

퍼실리테이션 쉽게 하기 | Ingrid Bens, 이영석, 오동근 옮김

컨센서스 워크숍 | 브라이언 스탠필드, 이영석 옮김, 박시원 감수

민주적 결정방법론 | 샘 케이너너 등, 구기욱 옮김

비폭력 대화 | 마셜 B. 로젠버그, 캐서린한 옮김

창조력 사전 | 다카하시 마코토, 조경덕 옮김

생각이 솔솔~ 여섯색깔모자 | 에드워드 드 보노, 정대서 옮김

수평적 사고 | 에드워드 드 보노, 이은정 옮김

생각의 공식 | 에드워드 드 보노, 서영조 옮김, 박종하 감수

생각을 훔친 완벽한 시나리오 | 존 코터 외, 윤규상 옮김

성공하는 팀장은 퍼실리테이터다 | 모리 도키히코

교수설계 이론과 모형 | 임철일

창의적 교수법 | 밥 파이크, 유제필 옮김

혁신가의 질문 | 박영준

세계최고 리더들의 인생을 바꾼 피터드러커의 최고의 질문 | 피터 드러커 외, 유정식 옮김

비저블 이펙트 | 김동준

소시오크라시 | 존 벅 외, 이종훈 옮김, 주현희 감수

Facilitator's Guide to Participatory Decision-making | Sam Kanner

Consensus through Conversation | Larry Dressler

The Secrets of Facilitation | Michael Wilkinson

Advanced Facilitation Strategies | Ingrid Bens

Active Learning | Mel Silberman

The Art of Focused Conversation | Brian Stanfield

Process Design Making It Work | Dorothy Strachan

Winning Through Participation | Laura J. Spencer

Participatory Workshop | Robert Chambers

The IAF Handbook of Group Facilitation, IAF

Thinkertoys | Michael Michalko

현재 모든 퍼실리테이터 인증제도는 민간인증제입니다. 크게는 국제인증과 국내인증이 있습니다. 인증 프로세스는 시간의 흐름과 함께 변동사항이 생길 수 있으므로 관한 정확한 정보는 홈페이지를 참조하시기 바랍니다.

국제퍼실리테이터협회 홈페이지: www.iaf-world.org

한국퍼실리테이터협회 홈페이지: www.facilitator.or.kr

퍼실리테이터가 되기 위해 인증이 꼭 필요한 것은 아닙니다. 누구나 있는 자리에서 퍼실리테이터로 활동할 수 있지만, 인증결과는 공신력을 더해 줍니다. 개인적으로 관심있는 분들은 요건을 숙지하여 도전해 보시기 바랍니다.

1. 국제인증

A. 국제퍼실리테이터협회(IAF, International Associates of Facilitators)에서 주관합니다. 인증종류는 3가지가 있습니다.

i. CPF(Certified Professional Facilitator) : 최근 3년 간의 경력을 근거로 서류심사에 응할 수 있고, 최종적으로는 워크숍 시연 심사로 이루어집니다.

ii. CPF/M(Certified Professional Facilitator / Master) : CPF 경력 8년 이상인 사람 중에 IAF에서 정하는 요건에 해당되는 경우 엄격한 서류심사에 의해 인증합니다.

iii. CPF/E(Certified Professional Facilitator / Emeritus) : 더 이상 현장에서 활동하지 않더라도 이 분야에 지속적으로 기여하고 있는 사람에 대한 일종의 "명예"

인증입니다.

2. 국내인증

A. 한국퍼실리테이터협회(KFA, Korea Facilitators Association)에서 주관합니다. 인증종류는 2가지가 있습니다.

i. CF(Certified Facilitator) : 최근 2년 간의 경력을 근거로 서류심사에 응할 수 있고 최종적으로는 면접심사로 이루어집니다.

ii CPF(Certified Professional Facilitator) : 최근 3년 간의 경력을 근거로 서류심사에 응할 수 있고 최종적으로는 워크숍 시연 심사로 이루어집니다.

부록3 퍼실리테이션의 철학에 대하여

대부분의 퍼실리테이션 교육과정에서 퍼실리테이션의 또는 퍼실리테이터의 철학에 관해 중요하게 강조합니다. 퍼실리테이션이 다양한 이해관계자들이 마음을 열고 소통할 수 있도록 돕는 활동인 만큼 어설픈 또는 작위적인 기법이나 이론보다는 모든 참석자들의 입장을 존중하는 퍼실리테이터의 마음가짐과 태도가 무엇보다 중요하기 때문입니다.

퍼실리테이션의 철학이란 어떤 것일까? 일찌감치 퍼실리테이션을 전문 영역으로 발전시켜온 해외 선구자들이 가장 많이 하는 말은 아마도 '모든 사람들의 의견은 똑같이 중요하다' 그리고 '중립을 지켜라'일 것입니다. 다른 표현들도 있습니다.

"참석자들의 잠재력을 믿고 존중한다"

"정답은 없다"

"모든 의견을 경청한다" …

이러한 퍼실리테이션의 철학으로부터 우리는 무엇을 기대할 수 있을까요? 직접적으로는 회의나 워크숍을 지루하고 짜증나는 과정이 아니라 마음이 놓이고 즐거운 과정으로 바꿀 수 있을 것입니다. 눈앞에 있는 나의 이익이 아니라 조직 전체의 입장에서 합리적으로 사고할 수 있도록 훈련됨에 따라 서로를 존중하는 성숙한 조직 문화를 만들 수도 있을 것입니다.

2017년 여름 ICA(International Cultural Affairs, 저 개발 국가의 낙후지역을 찾아가 커뮤니티 개발을 돕는 국제 기구로서 당사자 스스로 논의하고 의사결정할 수 있도록 돕는 과정에서 현대적 의미의 퍼실리테이션 기술을 개척해 왔음) 창립자 중 한 명인 빌 스테이플스(Bill Staples)가 한국퍼실리테이터협회 포럼에 왔을 때, ICA의 '참여의 기술'(Technology of Participation, 줄여서 보통 ToP Method라고 부름)의 의미에 대해 소개한 적이 있습니다.

그대로 인용하자면 "ToP 방법은 다양한 환경에서 포괄적인 참여와 깊은 존중을 가치있게 여기는 삶의 이해와 방법들의 집약체"이며 "문화 교류 기관의 개인과 집단에게 권한을 부여하는 전통과 실천으로부터 생겨났다"고 하였습니다.

'포괄적인 참여', '깊은 존중', '삶의 이해', '권한 부여'… 저는 이 오래된 국제기구의 철학에 깊이 공감하고 감동했습니다. 내가 잘 못하는 것이라서 더 그렇지만, 운 좋게도 사회 초년생 시절, 이런 철학을 가진 조직에서 성장한 덕에 이러한 환경에 대한 동경과 신뢰가 있기 때문이기도 합니다. 고향을 그리는 마음이랄까요.

왜 기존의 많은 조직에서는 이러한 철학이 잘 반영되지 않는 것일까요? 아마 근현대를 지배해 온 기계론적 접근, 근시안적 '효율'과 '경쟁' 방식이 검증된 안전한 방식이라고 생각하거나, 위와 같은 미래지향적인 철학이 조직에 어떤 긍정적인 변화를 주는지 목도한 적이 없기 때문이 아닐까요. 지시하는 것이 아니라 포괄적인 참의 길을 열어 놓고 적절한 권한과 책임을 줄 때, 조직의 구성원들이 얼마나 생기와 의욕이 넘칠 수 있는지 그 과정을 경험한 리더들이 별로 없기 때문이 아닐까 합니다.

빌 스테이플스는 2017년 11월 한국퍼실리테이터협회의 첫 컨퍼런에 참여하여 행사의 서막을 열어주면서 같은 맥락의 연설을 하였는데, 저는 그의 말을 "퍼실리테이터는 자기 삶의, 자신이 사는 지역사회의 나아가 우리 사회 전체의 체인지 메이커(change maker)이며 퍼실리테이션은 우리가 꿈꾸는 변화를 가능하게 하는 실무력"이라고 요약해서 이해하고 있습니다.

퍼실리테이션은 무엇이 합리적인지, 어떻게 하는 것이 공동체가 함께 윈윈할 수 있는 길인지, 다른 사람들의 입장은 어떤지 끊임없이 생각하게 합니다. 이러한 사유와 실천은 당연히 개인의 삶의 태도도 바꾸어 놓습니다. 어떤 변화를 원하는지 그룹의 의향을 모아 내는 일뿐 아니라, 원하는 변화에 사람들을 동참시키는 기술, 그 변화를 실천할 구체적인 방안을 짜게 하는 기술, 퍼실리테이션은 그것 또한 가능하게 합니다.

그래서 퍼실리테이션은 단순한 회의기법이 아니며 그 철학은 개인의 삶뿐 아니라 조직 경영의 근간을 이룰 수 있는 더욱 근본적인 것에 관한 이야기입니다. 컨설턴트였던 제가 퍼실리테이터라는 직업을 통해 사람과 삶에 대한 태도를 바꾸겠다고 결심한 것도 퍼실리테이션의 이러한 철학과 가능성 때문이었습니다.

알면 알수록 넓고 깊은 퍼실리테이션의 세계, 관념적이지 않고 실용적인 기술인 동시에 철학이기도 합니다. 더 많은 사람들이 퍼실리테이션의 세계로 들어오기를 그리고, 자신의 세계에서 퍼실리테이션을 받아들이기를 바랍니다!

(이 글은 2017년 저자의 개인 블로그에 게재한 글을 편집한 것임을 알립니다)